17. —

Mörikes Mergentheimer Jahre

Zum Mörike-Kabinett im Deutschordensmuseum

Herausgegeben von Maike Trentin-Meyer
für das Deutschordensmuseum

SPURBUCHVERLAG

Mörikes Mergentheimer Jahre

Zum Mörike-Kabinett im Deutschordensmuseum

Herausgegeben von Maike Trentin-Meyer
für das Deutschordensmuseum

mit ergänzenden Beiträgen von
Albrecht Bergold, Christoph Bittel, Heidi Deeg, Carlheinz Gräter,
Kilian Klann, Christine Schmidt, Rosemarie Volz, Reiner Wild

Deutschordens
Museum
Bad Mergentheim

Bibliografische Information der Deutschen Nationalbibliothek

Die Deutsche Nationalbibliothek verzeichnet diese Publikation
in der Deutschen Nationalbibliografie; detaillierte bibliografische
Daten sind im Internet über http://dnb.d-nb.de abrufbar.

1. Auflage 2007
© Spurbuchverlag, 96148 Baunach
info@spurbuch.de, www.spurbuch.de

Konzeption, Museumstexte und Texte zu den Bildern: Maike Trentin-Meyer M. A.
Die ergänzenden Texte von Carlheinz Gräter, Christine Schmidt, Christoph Bittel und Kilian Klann entstanden
anlässlich des Mörike-Symposiums im Deutschordensmuseum 2004: Mörike in Mergentheim. Freunde und
Zeitgenossen. Dank gilt außerdem Rosemarie Volz, Heidi Deeg, Albrecht Bergold und Reiner Wild, dass sie Texte
für diese Publikation zur Verfügung gestellt haben.

Bildnachweis: Foto Besserer (S. 7, 8, 11, 13, 15, 19, 23, 24, 25, 30, 33, 35, 37, 39, 40, 41, 59, 60, 61, 63,
64, 65, 71, 75, 77, 78, 79, 80, 81, 82, 83, 84, 86, 89 links oben und unten, 105, 106, 115, 124, 125, 126),
Deutsches Literaturarchiv Marbach (S. 26, 27, 32, 34, 85, 87, 88 links oben), Deutschordensmuseum (S. 16, 20,
28, 29, 88 rechts unten, 89 rechts, 91, 93, 94, 95, 96, 97, 98, 99, 100, 102, 120, 132)

Ausführung: pth-Mediaberatung, Würzburg
Umschlaggestaltung und Layout: Anke von Schalscha-Ehrenfeld

ISBN 978-3-88778-312-9

Mörike-Kabinett

Projektleitung, Konzeption, Texte, Realisation: Maike Trentin-Meyer M. A.

Gestaltung des Kabinetts: Dr. Helmuth Zebhauser

Leihgeber: Stadt Bad Mergentheim; Verein Deutschordensmuseum e. V.; Hartwig Behr, Bad Mergentheim;
Klaus Berge, Frankfurt am Main; Roland Kroneisen, Weikersheim; Schiller Nationalmuseum Marbach

Verwirklichung: Radio Berschnitz, Bad Mergentheim; Fa. Deko Engel, Marktbreit; Schreinerei Dietrich Ertl,
Igersheim; Michael Gauß, Markelsheim; Fa. Hügel, Bad Mergentheim; Fa. Glas Keil, Würzburg; Landesmedien-
zentrum Baden-Württemberg; Fa. Wilfried Maier, Weikersheim; Schiller Nationalmuseum Marbach, Fotostelle;
Fa. Schönhuth, Bad Mergentheim, Fa. Sommerhaus, Bad Mergentheim; Leo Wirth, Laudenbach;
Fa. WTG Resonanz, Bad Mergentheim

Sponsoren: Arbeitsstelle für literarische Museen, Archive und Gedenkstätten in Baden-Württemberg; Günter
Drews Textilwerke, Schrozberg; Arbeitsgemeinschaft Literarischer Gesellschaften und Gedenkstätten e. V. (ALG),
Berlin; Deutschordensmuseum e. V.; Dr. Helmuth Zebhauser, Bad Mergentheim; Sparkasse Tauberfranken; Tilman
Zeller, Bad Mergentheim; Familie Prof. Dr. Hansjörg Brombach, Bad Mergentheim; Lions-Club Bad Mergentheim;
Rotary Club Bad Mergentheim; Haus- und Grundbesitzerverein, Bad Mergentheim; Kulturverein Bad Mergent-
heim e. V.; Volksbank Bad Mergentheim; Brunhilde Herold, Bad Mergentheim

Hilfe und Rat: Albrecht Bergold; Dr. Christoph Bittel; Sandra Hügel; Caroline Kollmer-Hörtig; Gudrun Müller;
Johann Neuwirth; Elfriede Rein M. A.; Prof. Dr. Thomas Scheuffelen; Heide Schönhuth; Horst Seeber; Renate
Spaeth; Rosemarie Volz

LITERATURLAND
BADEN-WÜRTTEMBERG

Inhalt

Vorwort: Maike Trentin-Meyer 7

Grußwort: Dr. Thomas Schmidt, Arbeitsstelle für literarische Museen,
Archive und Gedenkstätten (alim) 9

Kapitel 1:   **Mörike in Mergentheim** 10
Nachsommer im Taubergrund
von Carlheinz Gräter 12

Kapitel 2:   **Mergentheim um 1840/50 – eine Kurstadt blüht auf** 22

Kapitel 3:   **Eduard und Margarethe** 25
Haushalt zu dritt 29

Kapitel 4:   **Wilhelm Hartlaub – der Herzensfreund** 31

Kapitel 5:   **Mörikes Wohlergehen** 35

Kapitel 6:   **Das Haushaltungsbuch – die finanziellen Umstände** 36
Wie lebte ein Bürger mit wenig Geld trotzdem angemessen? 38
Zeichnungen aus dem Haushaltungsbuch von Eduard Mörike 42

Kapitel 7:   **Prosa in der Mergentheimer Zeit** 58

Kapitel 8:   **Poetisierung des Alltags – die Gedichte** 62
Eduard Mörike. In Bad Mergentheim entstandene Gedichte
von Reiner Wild 66

Kapitel 9:   **Das Stammbuch der Emma Bauer**
Ein Städtlein blüht im Taubergrund ...
von Rosemarie Volz 70

Kapitel 10: Mörike-Ausgaben vor 1844 und nach 1851 80

Kapitel 11: Mörikes Tun neben dem Schreiben 84

Kapitel 12: Margarethe Mörike und Mergentheim 87

Kapitel 13: **Andenken an Mörike** 89
              Oberpostmeister erwirbt Mörike-Schatz –
              Zur Entstehung der Mörike-Sammlungen im Deutschordensmuseum
              von Heidi Deeg 90
              Mörike sammeln heute
              von Maike Trentin-Meyer 93

Kapitel 14: **Beiträge des Symposiums »Mörike in Mergentheim.**
              Freunde und Zeitgenossen« 100

              Ottmar Friedrich Heinrich Schönhuth – der Geschichtsschreiber,
              Volksschriftsteller, Mitbegründer des Historischen Vereins für
              Württembergisch Franken sowie Pfarrer und seine
              Beziehungen zu Eduard Mörike
              von Christine Schmidt 101

              Carl Joseph von Adelsheim (1790-1864) – Soldat, Kunst- und
              Altertumssammler, Autodidakt
              von Christoph Bittel 114

              Die ethnografische Sammlung im Raritätenkabinett des Herzogs
              Friedrich Paul Wilhelm von Württemberg im Schloss von Mergentheim
              von Kilian Klann 124

Anhang: Leben und Schaffen Eduard Mörikes
              von Albrecht Bergold 133
              Literaturempfehlungen 136

Vorwort

Eduard Mörike lebte von 1844-1851 in Mergentheim. 1837 hatte er das Städtchen bei einer Kur kennengelernt und wohl in guter Erinnerung behalten. 1848 dichtete er »Ein Städtlein blüht im Taubergrund, da lebt es sich so feine …« und lieferte so eines der am meisten zitierten Gedichte zu Mergentheim.

Mörike war, was seinen Wohnsitz betraf, zeit seines Lebens ein Getriebener. Lediglich in Cleversulzbach und Mergentheim führte er ein relativ ruhiges und stetes Leben. So kommt der Mergentheimer Zeit eine besondere Bedeutung zu. Der Dichter bezog mit seiner Schwester Klara eine schön gelegene Wohnung am Marktplatz. Mörike kann jetzt als pensionierter Pfarrer seinem Dichten viel Zeit widmen. Schon bald lernt er seine zukünftige Frau Margarethe Speeth kennen. Wichtige Werke dieser Zeit waren die zweite Ausgabe seiner Gedichte mit etlichen neuen Werken und das Versepos »Idylle vom Bodensee«, die ihm zu einigem Renommee und Bekanntheit verhalf.

Im Deutschordensmuseum befindet sich ein kostbares Objekt zu dieser Zeit, das Haushaltungsbuch, in dem die Einnahmen und Ausgaben Mörikes und seiner Schwester penibel genau festgehalten sind. Kleine Zeichnungen zwischen den Zahlenkolonnen geben alltägliche Erlebnisse wieder. Es ist ein unvergleichliches Dokument über den Alltag des Dichters. Das Haushaltungsbuch kam 1904 nach Mergentheim. Mörikes Tochter Fanny schenkte es anlässlich der Feierlichkeiten zum 100. Geburtstag des Dichters der Stadt Mergentheim. Diese Schenkung war der Beginn des Gedenkens und Erinnerns an Mörike in Mergentheim. Bald begann man, weitere Objekte zu Mörike zu sammeln. Besonders in den 1930er Jahren konnten bedeutende Autografen von Gedichten und Briefen erworben werden. Einige dieser Sammlungsstücke wurden zwar im Museum ausgestellt, aber es fehlte lange Zeit eine richtiggehende Gedenkstätte zu Mörike.

Seit 2000 wurde an der Einrichtung einer solchen Gedenkstätte gearbeitet, weitere Sammlungsstücke zu Mörike wurden erworben oder von Sammlern als Leihgaben zusammengetragen. 2004, im Mörike-Jahr zum 200. Geburtstag des Dichters war es dann soweit.

Der Dichter
Bei der lebensgroßen Figur handelt es sich nicht um ein Denkmal für Mörike, sondern sie symbolisiert das Sein des Dichters allgemein. Entwurf und Guß (Polyesterharz) von Leo Wirth, Laudenbach (geb. 1956 Bad Mergentheim)

Spende der Drews Textilwerke, Schrozberg, Inv. Nr. 2006/1570

Im Deutschordensmuseum konnte das Mörike-Kabinett eröffnet werden. Es stellt nun eine angemessene Gedenkstätte dar, in der die Mergentheimer Jahre des Dichters beleuchtet werden. In dem Kabinett werden über 100 Exponate präsentiert, die den Dichter, den Briefschreiber, den Petrefaktensammler, den geselligen Menschen und noch viele andere Facetten von Mörike und seinem Umfeld zeigen. Außerdem wurde in Mergentheim ein Mörike-Weg angelegt, an dessen Stationen man Mörikes Leben reflektieren kann.

Außerdem fand 2004 ein Symposium statt zu »Mörike in Mergentheim: Freunde und Zeitgenossen«, dessen Beiträge wir hier nun auch vorlegen.

Das Deutschordensmuseum hat allerdings nicht nur ein statisches Kabinett zu dem Dichter eingerichtet, sondern sich auch auf die Fahnen geschrieben, künftig der Literatur Veranstaltungen und temporäre Ausstellungen zu widmen. In diesem Buch möchten wir nun unseren Besuchern die Möglichkeit geben, die zahlreichen Texte und Objekte des Mörike-Kabinetts mit nach Hause zu nehmen und sich noch tiefer in Mörikes Mergentheimer Zeit zu versenken.

Ich danke dem Land Baden-Württemberg, das diese inhaltliche Erweiterung des Deutschordensmuseums unterstützte, und Dr. Helmuth Zebhauser, der das Mörike-Kabinett elegant gestaltete. Dank gebührt außerdem den zahlreichen Spendern und Leihgebern, die die angemessene Darstellung von Mörike in Mergentheim ermöglichten. Ich danke Herrn Klaus Hinkel und Herrn Paul Thomas Hinkel vom Spurbuch-Verlag, die sich für die sorgfältige Realisation dieses Buches eingesetzt haben.

Maike Trentin-Meyer
Museumsdirektorin
Kuratorin des Mörike-Kabinetts

Mörike-Kabinett
Grafiken und Originalobjekte dokumentieren Mergentheim zu Mörikes Zeit

Grußwort

Mittlerweile ist es ein Gemeinplatz, Baden-Württemberg ein Literaturland zu nennen. Das liegt ohne Zweifel auch an der beispiellosen Dichte von literarischen Museen im Südwesten der Bundesrepublik. Unter diesen Einrichtungen ist das Mörike-Kabinett in Bad Mergentheim in guter Gesellschaft. Die Ausstellung im Deutschordensmuseum besteht nicht nur neben den anderen Mörike-Gedenkstätten in Cleversulzbach, Neuenstadt, Ludwigsburg, Ochsenwang oder Blaubeuren. Sie macht in ihrer frischen, alltags- wie dichtungsnahen Ausrichtung unter den etwa 90 Literaturmuseen des Landes, zu denen u.a. das Faustmuseum in Knittlingen, das Schiller-Geburtshaus in Marbach, der Hölderlinturm in Tübingen, das Hesse-Museum in Calw oder das Jüngerhaus in Wilflingen gehören, überhaupt eine gute Figur.

Diese Einrichtungen, die sich auf der Internetplattform www.literaturland-bw.de präsentieren, werden von der im Deutschen Literaturarchiv Marbach angesiedelten und im Auftrag des Landes agierenden »Arbeitsstelle für literarische Museen, Archive und Gedenkstätten« (*alim*) fachlich und finanziell unterstützt. Mit mehr als 25 000 Euro an Landesmitteln wurden die Bad Mergentheimer Ausstellung, ihre Exponate und die in ihrem Umfeld durchgeführten Veranstaltungen durch die *alim* bislang bezuschusst. Zu den zur Verfügung gestellten Dauerleihgaben gehört beispielsweise ein »Handbuch der Petrefaktenkunde« von 1852, das Mörikes immensem Interesse an Versteinerungen einen kulturgeschichtlichen Rahmen zu geben vermag.

Sein Platz im Deutschordensmuseum, seine Ausstattung und seine bisherige »Bespielung« zeigen das Mörike-Kabinett als einen besonderen Ort, als ein »Heterotop«, d.h. als einen Ort, dessen Wirksamkeit nach Michel Foucault darin besteht, dass dort »die wirklichen Plätze innerhalb der Kultur gleichzeitig repräsentiert, bestritten und gewendet sind«. Dieses gegenwartsreflektierende Profil ist dem Mörike-Kabinett auch für die Zukunft zu wünschen.

Dr. Thomas Schmidt
Leiter der »Arbeitsstelle für literarische Museen, Archive und Gedenkstätten in Baden-Württemberg«,
Deutsches Literaturarchiv Marbach

Mörike in Mergentheim

Der Schwabe Eduard Mörike lebte 17 Jahre in Franken:
Cleversulzbach, Wermutshausen,
Schwäbisch Hall, Bad Mergentheim waren die Stationen.

In Mergentheim,
das er schon bei einer Kur 1837 kennengelernt hatte,
hielt er sich von 1844 bis 1851 auf.
Er wohnte seit 1845 in einem Haus am Marktplatz. Hier
lernte er die Offizierstochter Margarethe Speeth kennen,
die er 1851 in der Schlosskirche heiratete.

Mörike war seit Kurzem als Pfarrer außer Diensten gestellt,
konnte sich in diesen Jahren ganz seinem Schreiben widmen
und erklomm Stufe für Stufe zur breiten Anerkennung.

In der Zeit in Mergentheim entstanden viele Gedichte und
das Versepos die »Idylle vom Bodensee« (veröffentlicht 1846).

Wegen seines Studiums und seines Berufes
war er ein angesehener Bildungsbürger.
Mit Mühe hielt er trotz Geldmangel eine Lebenshaltung
aufrecht, die einem Bürger angemessen war.

Kostbares Zeugnis aus dieser Zeit ist
das Haushaltungsbuch, das hier im Museum ausgestellt ist.

Mörike-Kabinett im Deutschordensmuseum Bad Mergentheim, eröffnet im Mörike-Jahr 2004 zum 200. Geburtstag

Wirtschaftlich konnte Mörike in Mergentheim
nicht Fuß fassen, deswegen zog er 1851 nach Stuttgart,
um eine Stelle am Katharinenstift anzunehmen.

Carlheinz Gräter

Nachsommer im Taubergrund

Eduard Mörike kannte Mergentheim von einer Badereise 1837 und von anschließenden Fahrten nach Wermutshausen überm Tal der Vorbach, wo Freund Wilhelm Hartlaub als Pfarrer saß. Nach der frühen Pensionierung des Cleversulzbacher Pfarrherrn und einem Zwischenspiel in Hall am Kocher zog Mörike mit seinem »Haustrost«, der Schwester Klärchen, im November 1844 in eine düstere Wohnung am Boxberger Tor, am Anfang der Unteren Mauergasse. Im April des nächsten Jahres bezogen die beiden eine stattlich-helle Wohnung im ersten Stock des Speethschen Hauses, Ecke Unterer Markt/Burgstraße. In der Tochter des Hauses, Margarethe, fand Mörike dann seine Frau.

Gretchens Vater, Valentin Speeth, rettete als württembergischer Offizier in der Schlacht an der Moskwa 1812 Napoleons Schwager Murat das Leben. Wegen besonderer Tapferkeit erhielt er den persönlichen Adel verliehen, der nicht für die Nachkommen galt. Von einer Margarethe von Speeth zu reden, ist also Unfug. Die Mutter Josepha war mit der Mergentheimer Archivarfamilie

Breitenbach verwandt. 20-jährig hatte sie den italienischen Kaufmann Gaviaratti geheiratet, der als Hoflieferant des letzten Hochmeisters in die Deutschordensresidenz gekommen war.

Von der Trauung zurückgekehrt, musste Gaviaratti gleich mit Fieber ins Bett gesteckt werden; er starb wenige Monate später 1811. Im gleichen Jahr wurde Speeth in die Mergentheimer Garnison verlegt. Als er im Frühjahr darauf gen Russland marschierte, waren er und die junge Witwe verlobt. 1814 nahm der schwer verwundete Speeth seinen Abschied und heiratete. Von den elf Kindern haben nur zwei überlebt, das 1818 geborene Gretchen und der zwei Jahre jüngere Wilhelm, ein übler Tunichtgut.

Neben dem noblen Eckhaus gehörten der Familie noch zwei Gärten und drei Weinberge, am Ketterberg über der Wolfgangskapelle, am unteren Arkauberg und im Häsle, gegen Wachbach zu. Eigenen Mergentheimer Wein tranken die Mörikes noch in Stuttgart. Als Theodor Storm dort zu Besuch war, notierte er leicht schockiert, dass der Wein »natürlich wie Wasser aus Biergläsern

getrunken wurde«. Das kannte man am
summenden Husumer Teekessel nicht
und mag die spätere haltlose Bemerkung Storms erklären, Mörikes Ehe sei
auch gescheitert, weil dieser getrunken
habe.

Die beiden späten Mädchen Gretchen
und Klärchen schlossen rasch schwärmerische Freundschaft. Über die ersten
sieben Mergentheimer Jahre plaudert
das Haushaltungsbuch der Geschwister
einiges aus. Über die zähflüssigen Zahlenkolonnen, in denen Kreuzer die Gulden überwogen, über Alltagssorgen und
Alltagskram scheint sich Mörike hier
vogelleicht hinwegzuheben. Mit Zitat
und Zeichenfeder glossierte er auf den
meist leeren Einnahmeseiten das kleine
Mergentheimer Welttheater. Der Poet
siegte auch hier über den Buchhalter.
Der knapp 40-Jährige war mit der Hun-
gerleiderpension von 280 Gulden pro
Jahr pensioniert worden. Zudem ächzte
Mörike unter einer Schuldenlast von
1500 Gulden, durchweg Bürgschaften
für seine Brüder.

Entsprechend liest sich das Rondo der
Ausgaben: Milch und Weck, Lichter und
Schwefelhölzchen, Öl, Essig, Brennholz,
Hutzelobst und Presswurst, ab und zu
eine bescheidene Einkehrzeche und eine Bettlergabe von zehn Kreuzern. Die
dicksten Ausgabeposten sind das Brief-

**Seite 81 aus dem
Haushaltungsbuch,**
Einträge vom 31. Okto-
ber bis 7. November
1846.
Das Haushaltungsbuch
ist das bedeutendste
Objekt zu Mörike im
Deutschordensmuseum.
Seit Januar 1846 führt
Margarethe Speeth die
Ein- und Ausgaben-
kolonnen fein säuberlich.

porto und sündhaft teuere 1 Gulden
und 12 Kreuzer für Tabak. Mörike war
seit Stiftstagen passionierter Pfeifenrau-
cher. Die Ausgaben für das Mittagessen,
das man sich vom Tratteur, also einem
Speisewirt, kommen ließ, summierten
sich in den beiden ersten Monaten auf
11 Gulden und 36 Kreuzer. Mit dem
1. Januar 1846 taucht Gretchens zier-
liche Handschrift im Haushaltungsbuch
auf.

Ihr Vater war im Sommer zuvor gestorben. Mörike hatte dem Katholiken die
Sterbegebete gelesen. »An die da drun-
ten halte dich«, soll Speeth der Tochter

13

noch zugeflüstert haben. Wahrscheinlich haben die Mörikes ihm versprochen, sich um Gretchen zu kümmern. Speeths Sorgen hatten dem Sohn Wilhelm gegolten, diesem »zweiten Teufel in personam«, wie Mörike bald stöhnte. Er wechselte seinen Beruf, wie er wollte, häufte Schulden an, schwängerte ein Mädchen. Als die Mutter zeitweilig in ihre Heimatstadt Bamberg zog, flüchtete Gretchen in den Haushalt der Geschwister. Im Haushaltungsbuch hat Mörike den Wüterich Wilhelm mit einer Sprechblase konterfeit: »Die Lumpenbagage! Ich bin der Herr im Haus! Jeder Zoll ein Baron!« Bis in die Stuttgarter Zeit drangsalierte er Mutter und Schwester mit Erbschaftsprozessen.

Mörikes Gesundheit blieb schwankend. Alle Jahre wieder musste er ein Krankheitsattest an das Konsistorium schicken. Weil der Hofrat Dr. Friedrich Krauß dafür kein Honorar nehmen wollte, hat Mörike ihm 1847 das klassizistisch gegründete Gedicht auf die Mergentheimer Heilquellen gewidmet: »Der jüngsten in dem weitgepriesnem Schwesternchor / Heilkräftiger Nymphen unsres lieben Vaterlands ...«. Manch einem wird noch der mit Eduard Mörike signierte Wandspruch in der Wandelhalle in Erinnerung sein, der dann noch einmal unselige Wiederauferstehung im Mosaik der Brunnenaus-

gabe gefeiert hat: »Wer müd vom Leben oder krank / Dem ist zu helfen Gott sei Dank / Wenn er sich kann vergunnen / Den Mergentheimer Brunnen«. Den Vierzeiler hat der Architekt der formschön geschwungenen Wandelhalle, der Schalk Eduard Krüger, 1934 verfasst und der Kurverwaltung als Mörike-Sprüchlein untergejubelt.

Mörike, der auch ein rechtes Lästermaul sein konnte, mokierte sich über die aufgeblasene Frau Hofrat Krauß, die ihm einmal »Beethovens erste Liebe« vorstellte. Mörike an Hartlaub: »was nicht etwa ein Sehnsuchtswalzer, Lied ohne Worte u.s.w., sondern eine hiesige Dame ist – in der Person der alten Hofrätin Röser«. Beethoven hatte ja als junger Bratschist der hochmeisterlichen Hofkapelle 1791 Mergentheim kennengelernt.

Obwohl die Mergentheimer Museumsgesellschaft, eine Art Kulturverein und Lesezirkel, den Dichter zum Ehrenmitglied wählte, ließ sich Mörike nicht ins gesellschaftliche Treiben der Kleinstadt-Honoratioren einspannen. Dafür gehörte er 1847 zu den Gründungsmitgliedern des Historischen Vereins für Württembergisch Franken. Auf seinen Spaziergängen hatte er seine Lieblingsplätzchen: den Garten des ehemaligen Dominikanerklosters, das Schellenhäuschen im

Hofgarten, wo er den beiden Freundinnen bei Nachtigallenschlag aus Goethes Wilhelm Meister vorlas, oder der Birnbaum im Speethschen Garten am Unteren Graben, wo später die Kurpension Kallhardt stand. Gern stieg Mörike auf den Turm der katholischen Pfarrkirche, zu dem Türmer Johann Herrmann, der seinem mageren Gehalt als Zinkenist und Feuerwächter mit Schneiderarbeit aufhalf. An Martini 1845 entstand das Gedicht: »Ein Glockentonmeer wallet / Zu Füßen uns und hallet / Weit über Stadt und Land ...«

In Hall hatte Mörike seine Jugendliebe zu den Petrefakten wiederentdeckt. Seine Pirschgänge nach Versteinerungen setzte er vor allem in den Steinbrüchen des Muschelkalks am Trillberg fort. Seine Sammlung in einer eigenen Steinkammer unterm Dach hielt er in akribischen Federzeichnungen fest. Zum ersten und letzten Male erleben wir Mörike hier als Systematiker. In einem Ge-

dicht spricht er von den »Zierlichkeiten aus den versteinerten Gärten des alten Neptuns«. Die verspielte Formulierung darf nicht über den Ernst seiner Bestrebungen hinwegtäuschen. Im Sammeln der Petrefakten einte sich Mörikes Entzücken am miniaturenhaft Geschlossenen mit der Verehrung der Elemente, der Erdmutter als Siegelbewahrerin einer scheinbar unerschöpflichen Gestaltenfülle.

Mörikes traumverlorene, traumbedrohte Sensibilität, der von ihm schon früh erkannte »unglaublich verzärtelte Gang meines innern Wesens« forderte ein Gegengewicht: »... ich hatte neulich einen solchen Ekel vor all dem Journalquark mit schlechten Novellen, Gedichten und Rezensionen, ja vor aller Belletristik, dass ich mir für den Notbrauch ein gesundes Hausbrot, bestehend in einer Naturgeschichte für die Jugend, von unserer guten Sommerweste, dem Herrn Kober ausbat, die schon durch

Bleistift und Federkiel
Diese Schreibgeräte stammen aus Mörikes Besitz. Der Dichter selbst hat den Bleistift mit ornamentaler Schnitzerei versehen.
Mörike hat meist mit der Feder geschrieben, daneben aber auch mit Gänsekiel, Griffel und Bleistift. Bleistifte waren besonders praktisch für unterwegs und auf Reisen, denn sie waren einfacher zu transportieren als Feder und Tinte.
Mörike schrieb meist auf einem Tischpult – einen Schreibtisch besaß er nie.

Mitte 19. Jh.; Leihgabe Schiller Nationalmuseum Marbach, Inv. Nr. 2004/1381
Federkiel: Geschenk von Fanny Hildebrand, Leihgabe Stadt Bad Mergentheim, Inv. Nr. 1455

15

Edwin Beyer
(1877 Dammerkirch/
Elsass-1950 Bad
Mergentheim)

Eduard Mörike
Das Gemälde wurde nach der Lithografie von
Bonaventura Weiß von 1851 angefertigt. Für das
Porträt von Weiß kam Mörike seit etwa Mitte Okto-
ber 1851 zu zwei Sitzungen ins Atelier von Weiß.
Der Maler Beyer war Gewerbeschulrat in Bad Mer-
gentheim.

Öl/Leinwand, 1930er Jahre; Leihgabe Verein Deutschordensmuseum
e. V., Inv. Nr. 1437

ihren apothekernden Geruch mit das
halbe Naturreich vor die Nase brachte
und alle ungebetenen Musen weit ver-
scheuchte«. Kober war der Inhaber der
Engel-Apotheke am Marktplatz, und als
»Sommerweste« pflegte Mörike joviale,
mit sich und der Welt aufheiternd zu-
friedene ältere Herren zu bezeichnen.

Der Dichter ist oft nach Wermutshausen
gewandert und hielt sich dabei bis Laudenbach an den Wallfahrtsweg der Mergentheimer zur gotischen Bergkirche.
Dort trafen sich die Geschwister und
Hartlaub am 29. Mai 1845 zum Geburtstag des Freundes. Mörike gratu-
lierte mit dem Gedicht »Bei der Marien-
Bergkirche«, in dem die zur Architek-
tur gefrorene Musik wieder zu schmel-
zen, zu tönen scheint. Dass er unterwegs schon auf ein Bier eingekehrt war,
verrät das schaumfrische Gelegenheitsgedicht dieses Tages: »Gepriesnes Häuschen, welches am langen Arm / Sein
Doppeldreieck hält mit gebuckeltem /
Schaumweißem Glas, o welche Wonne /
Lachst du entgegen dem heißen Wand-
rer!«.

In Weikersheim ließ er sich im damals
noch verwilderten Hofgarten gern seine
lange Pfeife schmecken. Auch nach Rothenburg ob der Tauber ist er gekommen. Im Nachlass fand sich ein Notizen-
pack »Zur Geschichte von der silbernen

Kugel oder Der Kupferschmied von Rothenburg«. Die topografischen Details und Lokalfarben lassen auf den Entwurf einer spezifisch kulturhistorischen Novelle schließen. An einer Scheune beim Kobolzeller Kirchlein notierte er die Verse: »Ich habe Kreuz und Leiden / Das schreib ich mit der Kreiden; / Und wer kein Kreuz und Leiden hat, / Der wische meinen Reimen ab.«

Auch tauberabwärts, damals noch badisches Ausland, hat sich Mörike gelegentlich umgetan. Im Sommer 1847 lernte er den Boxberger Dekan Philipp Jakob Sauer, zuvor Pfarrer in Unterschüpf, kennen. Er schätzte ihn als »natürlichen und auch als Dekan ganz fuselfreien Mann« und ließ sich mit Klärchen und Gretchen zu einer Kutschfahrt in den Schüpfergrund einladen. Als die drei in der Unterschüpfer Kirche einmal allein waren, entdeckten sie in einem offenen Sakristeischrank einen

zierlichen schmiedeeisernen Sanduhr-Fuß. »Er ward ohne Bedenken abgeschraubt und glücklich unter der Schürze in eine Chaisentasche praktiziert, zu Hause der unsern«, gemeint ist eine Sanduhr, »anverleibt«. Mörike als Kirchendieb, wer hätte das gedacht! Das Objekt der Begierde erscheint unter dem 3. Juli als Federzeichnung im Haushaltungsbuch.

Hauptwerk der Mergentheimer Jahre war das Versepos »Die Idylle vom Bodensee«. Sie entstand zum größten Teile im Speethschen Garten an der Wachbach und brachte erstmals auch so etwas wie einen finanziellen Erfolg. Daraufhin wagte der Verleger Cotta eine Neuauflage der Mörike-Gedichte von 1000 Stück. Vier Jahre später waren davon gerade mal 300 verkauft. Von etwa 40 Gedichten der Mergentheimer Zeit bleibt »Auf eine Lampe« das kostbarste:

Noch unverrückt, o schöne Lampe, schmückest du
An leichten Ketten zierlich aufgehangen hier,
Die Decke des nun fast vergessnen Lustgemachs.
Auf deiner weißen Marmorschale, deren Rand
Der Efeukranz von goldengrünem Erz umflicht,
Schlingt fröhlich eine Kinderschar den Ringelreihn.
Wie reizend alles! Lachend, und ein sanfter Geist
Das Ernstes doch ergossen um die ganze Form –
Ein Kunstgebild der echten Art. Wer achtet sein?
Was aber schön ist, selig scheint es in ihm selbst.

Vielleicht hat eine von den königlich-württembergischen Plünderern anno 1809 übersehene schöne Lampe in einem Gemach des Mergentheimer Hochmeisterschlosses Mörike inspiriert. Die Diskussion über dieses Gedicht, eine Feuerprobe auf Mörikes Ästhetik, seine Ansicht des Schönen, sein Weltgefühl, sein Kunstverständnis, entzündete sich an einem Zeitwort der letzten Zeile: Was aber schön ist, selig scheint es in ihm selbst.

Der Literaturhistoriker Emil Staiger hat diese Zeile gegen einen Vers aus dem Faust II ausgespielt: »Das schöne bleibt sich selber selig«. Für den Klassiker Goethe habe da noch Gewissheit geherrscht, der Epigone Mörike habe sich mit einem distanzierten »scheint« begnügt. Aus Sicherem Manns-Gebirge grollend, verwarf der Philosoph Martin Heidegger diese These. Mörikes »scheint« sei kein Scheinen als ob, ein videtur, sondern ein Leuchten, ein lucet, ein sinnlich-seliges Scheinen der Idee des Schönen selbst. Er zitierte ebenfalls, und zwar aus Hegels Ästhetik: »Das schöne bestimmt sich dadurch als das sinnliche ›Scheinen‹ der Idee«. Dagegen wehrte sich wiederum Staiger. Seine Interpretation habe dem Schönen zugestanden, es scheine sich selbst zu genügen, vermutlich. Schließlich wüssten wir wie der Spätling Mörike nicht mehr so

genau wie ein Klassiker, oder ein Philosoph, wie es dem Schönen zumute sei.

Lesen wir das epigrammatische Gedicht unbefangen, so stoßen wir auf lauter Schlüsselworte Mörikescher Poesie: unverrückt; o schöne Lampe; zierlich; fröhlich; goldengrün; reizend; lachend; sanfter Geist des Ernstes; Kunstgebild der echten Art – mit diesen Sprachgebilden ist es Mörike ernst. Aber das Gemach mit der Lampe ist fast vergessen, und mit ihm das Kunstwerk selbst – wer achtet sein? Da vibriert plötzlich eine Spannung, die sich in der nächsten Zeile löst. Sie zieht allein schon vom Rhythmus des feierlich einschwingenden »aber«, des ganz betonten »ist« her, die Summe: Was aber schön *ist*, selig scheint es in ihm selbst. Da ist kein bängliches Zweifeln oder Achselzucken. Hier scheint nichts als ob, hier leuchtet auch nichts als Abglanz einer Idee. Hier erscheint das Schöne in sich selber selig, die runde Marmorschale als Gleichnis der vollkommen in sich ruhenden Form.

Ein undatiertes Brieffragment Mörikes, paradoxerweise an einen Dichterling namens Ostertag gerichtet, liest sich wie ein Kommentar zu diesem Gedicht: »Die Form ist doch in ihrer tiefsten Bedeutung ganz unzertrennlich vom Gehalt, ja in ihrem Ursprung fast eins mit demselben und durchaus geistiger, höchst zarter Natur ... gute Gedanken, reizende Bilder, Geist usw. können auch andere haben: aber dies alles in harmonischer, unverrückbar geschlossener Form einschmeichelnd wiederzugeben, das ist der Vorzug des Poeten; das bestimmt wesentlich seinen Charakter, seinen Wert für alle Zeiten«. Hier haben wir Mörikes Bekenntnis zum Schönen, zur Form, zum in sich ruhenden Kunstgebild. Hier gab es für ihn Gewissheit, Beständigkeit, Erfüllung im Endlichen. Der Adressat Friedrich Ostertag, damals Amtsrichter in Niederstetten, dichtete unfreiwillig komisch und erscheint in Mörikes Briefen als Buckel, Großmaul, grüner Esel, auch mal als Saukerl. Wegen Unterschlagungen flüchtete Ostertag später nach Amerika und blieb dort verschollen.

Der borussisch einäugige Historiker Heinrich von Treitschke hat Mörike wohlwollend bescheinigt, er sei, anders als das Junge Deutschland, als reiner, weltscheuer Dichter völlig apolitisch gewesen. Die Briefe aus dem Revolutionsjahr 1848/49 sprechen dagegen. So verhasst Mörike auch die reaktionäre Politik der »großen Sandburschen« war, so unerträglich blieb ihm freilich auch verbale revolutionäre Kraftmeierei. An Hartlaub schrieb er: »Bedenkt man das Benehmen der Fürsten ... den

dummen Hochmut des preußischen Königs ... so muss man sich freuen, dass ihnen nicht einmal der Schein einiger Sympathie für das siegreiche Volk und seinen Willen übrig blieb«. Und nach dem Sieg der alten Gewalten brach es aus ihm heraus: »Du hast gewiss den starken Zorn- und Jammerschrei des alten Arndt aus der Deutschen Zeitung auch gelesen: ›Wer mag den Deutschen widerstehn wenn sie wollen zusammengehn!‹. Er sagt nur, was ein jeder weiß und fühlt, und doch meint man, es müsste alle Welt aufrütteln und das ganze verruchte Schachbrett der Fürsten vom Tisch herabwerfen.«

Rasierstein von Eduard Mörike
Detail der Vorderseite. In den Schiefer eingraviert: »Una est illis ultima« (Eine von ihnen wird die letzte sein).
Leihgabe Verein Deutschordensmuseum e. V., Inv. Nr. 1457

Haarlocke von Eduard Mörike
Leihgabe Verein Deutschordensmuseum e. V., Inv. Nr. 1438

mittelgroße Gestalt mit schwarzen Haaren und dunklen melancholisch blickenden Augen, aber weichem, sympathischem Gesicht«. Sie war ein bemerkenswert hübsches, aber auch sehr kompliziertes Geschöpf, das sich in selbstgerechtem Trotz verschließen und Szenen heraufbeschwören konnte, die 's an Schrille und Heftigkeit in sich hatten. Die Hartlaubs schauten bald schon besorgt auf diese neue Freundschaft. Eifersucht, Misstrauen gegen die überzeugte Katholikin, mehr noch gegen Gretchens Charakter, mischten sich da zu einer spontanen Abneigung, die von Gretchen gründlich erwidert wurde. Am harmlosesten war noch die Sorge, Mörike könne Gretchen zuliebe konvertieren. Der evangelische Pfarrer Carl Wüst hatte den Hartlaubs gesteckt, es habe »katholischerseits schon nicht geringen Triumph erregt, dass die Mörikes allein unter allen Protestanten am katholischen Hauptfeste Fronleichnam ihre Wohnung verziert hatten«.

Geharnischte Sonette, gereimte Leitartikel, ein Stoß in die Vaterlandstrompete waren von diesem Sprachartisten, der schon am Predigen gelitten hatte, nicht zu erwarten. Aber harmlos war auch der politische Zeitgenosse Mörike nicht.

Als er Margarethe Speeth kennenlernte, war er 41, sie knapp 27 Jahre alt. Eine Freundin zeichnete sie als »schlanke

Was weder der »Urfreund« Hartlaub noch Klärchen ahnten – Mörike hatte sehr wahrscheinlich schon im März 1846 Gretchen die Ehe versprochen.

Dieses jahrelange unwürdige Versteckspiel vor Klärchen, die dem Bruder zuliebe selbst auf manche Gelegenheit zur Heirat verzichtet hatte, bleibt schwer verständlich. Eine Deutung hat Mörike spät, 1861, gegeben. Im Sommer 1845, also kurz nach dem Einzug, hatte ihn ein okkultes Erlebnis erschüttert. Er erwachte in der Nacht mit dem Gefühl, als würden ihm kalte schwere Tropfen ins Gesicht gespritzt. Als er tastete, war jedoch alles trocken, »obwohl ich nie mit soviel Schein der Wirklichkeit geträumt zu haben glaubte«. Als er am andern Morgen Gretchen davon erzählte, gestand sie, während der Nachtwache am Bett des Vaters in einer ungewöhnlich erhöhten Stimmung gebetet zu haben. Dann habe sie für jeden Hausbewohner in der Richtung, in der dieser schlief, Weihwasser gesprengt. Mörike: »Hiernach erklärt sich das Rätsel einfach aus einem momentanen Fernsehen der Seele im schlafenden, völlig gesunden Zustand«. Den Gürtel dieser sympathetischen Verbundenheit, den Gretchen so um den Dichter geschlungen hatte, konnte auch ein Hartlaub nicht mehr lösen.

Das peinliche Dreiecksverhältnis zerrte an den Nerven. Klärchen glaubte noch immer an einen platonischen Lebensbund zu dritt. Als Mörike im Frühsommer 1849 Heiratspläne andeutete, fiel die Schwester aus allen Wolken. Umso entschiedener wandte sie sich nun den Wermutshäusern zu. Hartlaub sprach Mörike gegenüber von seinem »schmerzlichen Hasse« auf Gretchen, kein Zweifel, dass da auch die Eifersucht dessen loderte, der zuvor neben Klärchen der einzige Herzensvertraute Mörikes gewesen war. Aber es wäre ungerecht, seinen Hass auf diesen Monopolanspruch zu reduzieren. Hartlaubs Schmerz, seine Sorge galten der Zukunft des Freundes. Er wusste, dass dessen Naturell Gretchens Ansprüchen, ihrem Ungestüm, ihrer Egozentrik, ihrer überreizten Selbstgerechtigkeit einfach nicht gewachsen war.

Die Vermittlung der Freunde in der Residenz bescherte Mörike 1851 eine wohlwollend dotierte Pfründe als Literaturlehrer am Stuttgarter Katharinenstift. Das reichte für die Gründung eines Hausstands. Die Ehe, wir wissen es, ging nicht gut, trotz der beiden Töchter Fanny und Marie. Klärchen gehörte zum Haushalt der Eheleute wie zuvor Gretchen zu dem der Geschwister. Das Dreieck hielt sie gefangen. Mörike hatte es, mit Ausnahme seiner Peregrina, allemal zu eher naiven, stillen, stillenden Wesen wie Klärchen Neuffer, Luise Rau, Friederike Faber gezogen. Gretchen und er passten zueinander wie Feuer und Wasser.

Mergentheim um 1840/50

Eine Kurstadt blüht auf

1809 war der Deutsche Orden aufgehoben worden,
dessen Hof hatte das Leben der Stadt dominiert.
Die Hofhaltung
als wirtschaftliches und gesellschaftliches Zentrum fiel weg.
Rund 2700 Menschen lebten in dieser Zeit in Mergentheim.

Große Hoffnung setzte man in die Heilquellen,
die 1826 vom Schäfer Gehrig entdeckt worden waren.
1831 zählte man 30 Fremde am Tag.
1834 wurde das erste Kurhaus errichtet.
Gäste auch höchsten Ranges kamen in die Stadt,
zum Beispiel das württembergische Königspaar.

Rund um die Kur bildete sich gesellschaftliches Leben,
das Mergentheim zum lebendigen Städtchen werden ließ.
Das bürgerliche Zeitalter hatte begonnen.
Bildungsbürger schlossen sich in Vereinen zusammen,
z. B. im »Museum«, einem Kultur- und Lesezirkel,
oder im Historischen Verein für Württembergisch Franken.

1865 erlebte Wilhelm Heinrich Riehl Mergentheim
als »Großstadt im Taschenformat«.

Marktplatz in Mergentheim, um 1820
In dem Haus links hinter dem Brunnen befand sich Mörikes Wohnung. Von dort hatte er einen guten Blick auf das alltägliche Geschehen auf dem Marktplatz.

Federzeichnung, koloriert; Leihgabe Verein Deutschordensmuseum e.V., Inv. Nr. 2509

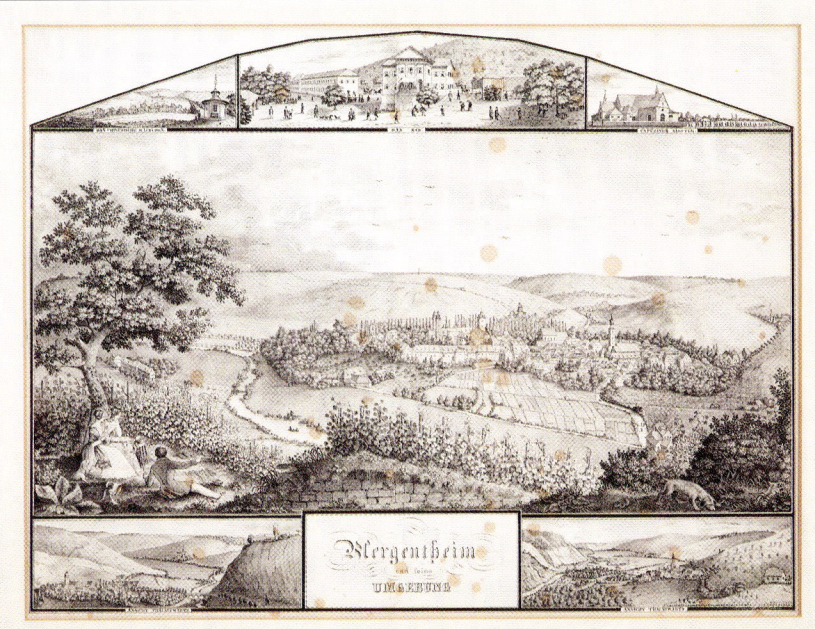

»Mergentheim und seine Umgebung«, nach 1834
Blick vom Ketterberg. So bot sich die Kurstadt in Mörikes Zeit dar.

Lithografie; Leihgabe Verein Deutschordensmuseum e.V., Inv. Nr. 2515

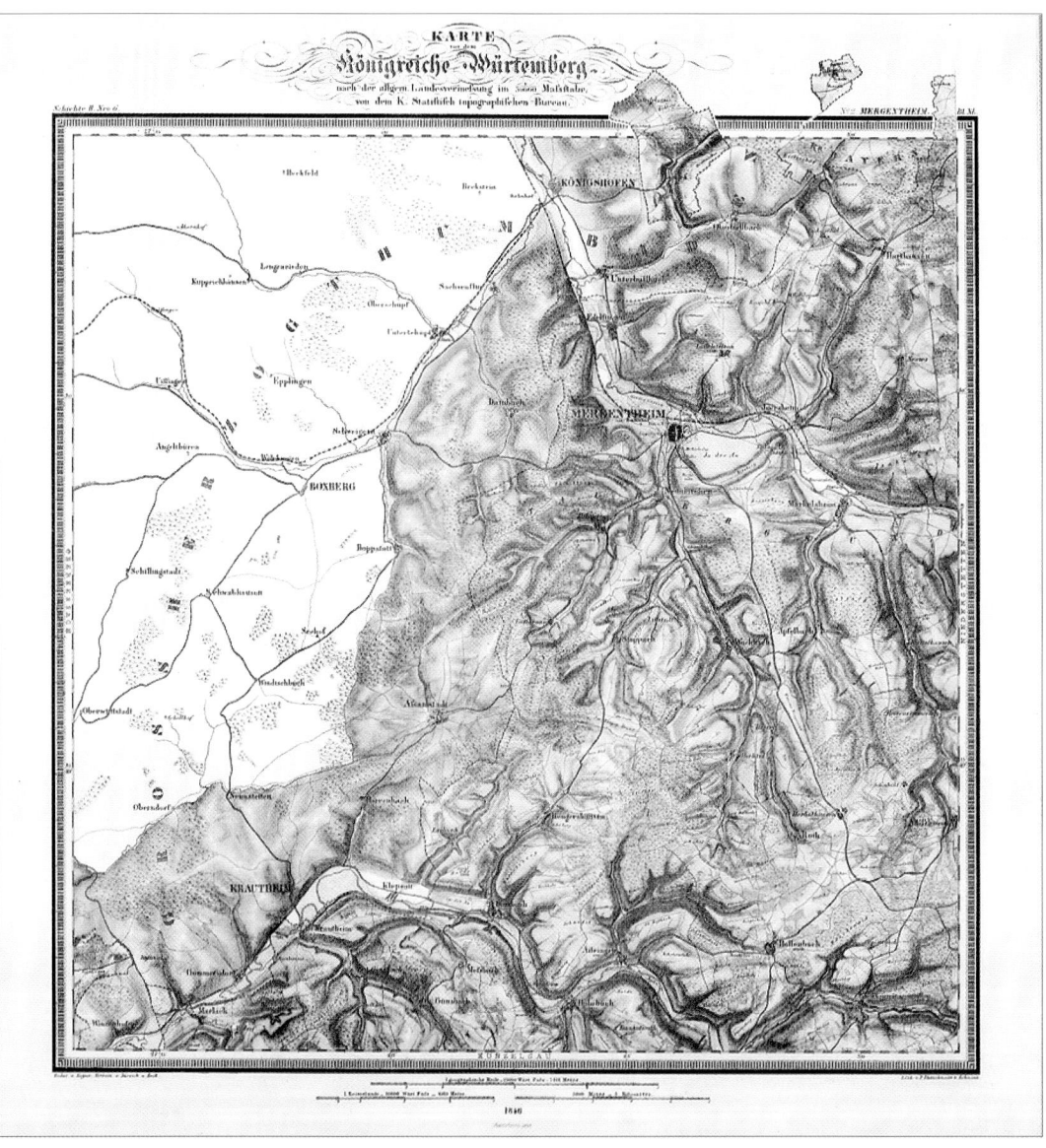

Karte des Oberamts Mergentheim, 1846

Blatt II aus »Topographischer Atlas des Königreichs Württemberg«,
erstellt aufgrund der Landesvermessung 1818-1840. Überarbeitet 1868.

Lithografie, Maßstab 1:50 000; Inv. Nr. 2004/1395

Eduard und Margarethe

Im April 1845 zog Mörike mit seiner Schwester Klara
in das Haus am Marktplatz in den ersten Stock.
Klara und Margarethe, die Tochter des Vermieters,
des Offiziers Valentin von Speeth, empfanden
eine schwärmerische Freundschaft füreinander.
Wohl seit dem Sommer 1845 kamen sich
Eduard Mörike und Margarethe Speeth nah.
Eine Reihe von Liebesgedichten entstand.

Bereits 1846 hatte Mörike dem »Gretchen« wohl
die Ehe versprochen, was beide lang
gegenüber der Schwester Klara geheim hielten.

**Burgstraße in Mer-
gentheim, um 1820**
In dem Haus rechts am
Marktplatz wohnte
Mörike im ersten Ober-
geschoss. Unter dem
Dach hatte er eine
»Steinkammer«.
Federzeichnung, grau laviert;
Leihgabe Stadt Bad Mergentheim,
Inv. Nr. 2512

25

Margarethe war dunkelhaarig und von zarter Statur,
sie wird als lebhaft und temperamentvoll beschrieben.
Außer von Hartlaubs wurde
Margarethe von den Freunden positiv aufgenommen.
Mörike hat auch Margarethes dunkle Seiten gesehen;
im Gedicht »An M.« schildert er sie als
willensstark, eigensinnig und melancholisch.

Margarethe hat an der Entstehung von
Mörikes Werken starken Anteil genommen,
als erstes an der »Idylle vom Bodensee«.

Klara Mörike,
1860er Jahre, Fotografie
Original im Literaturarchiv Marbach

>>**Zu Clara's Namens-Tage**
d. XII. August 1845<<
Nach der ich früh und spät die Augen gläubig richte,
Als einem lieben Stern und holden Trostgesichte,
Mit dem mein Leben steigt und fällt:
Nur klarer noch, in frischbetauter Reine,
Erscheinst du mir, dieselbige, die Meine,
Seit sich ein Schwesterlicht zu dir gesellt.
Kein Wunder ist's, wenn sich in solchem Doppelscheine
Mein Herz verjüngt und klärt, mein Tag sich neu erhellt!

Leihgabe Verein Deutschordensmuseum e.V., Inv. Nr. 1458,5

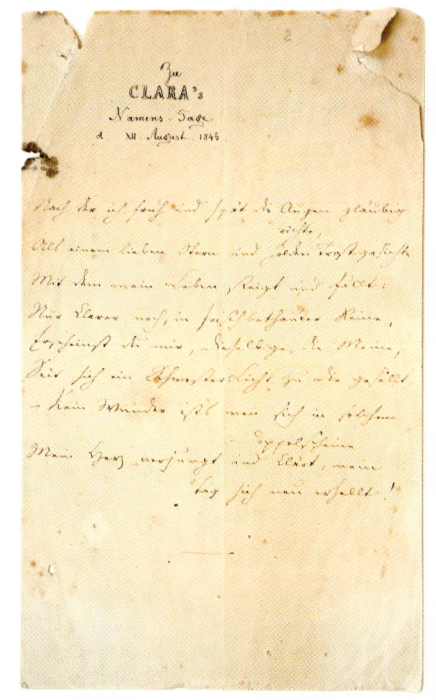

Mörike überließ ihr seine Gedichte zur Durchsicht
und beauftragte sie mit deren Abschrift.
Nach der Heirat 1851 wurden
1855 und 1857 die Töchter Fanny und Marie geboren.

Die Ehe scheiterte, 1874 trennte man sich.
Das lag am unterschiedlichen Temperament der beiden
und am gespannten Verhältnis
zwischen Mörike, seiner Schwester Klara und Margarethe.

Eduard Mörike und seine Familie

links: Margarethe (1852), Marie und Fanny (1871), Klara (1852),
unten: Mörike 1852, 1854, 1866 und 1874, aus:

Luise Walther, Aus Mörikes Kreis und Stuttgarter Zeit
150 Charakterköpfe

Luise Walther, geb. von Breitschwert (1833-1917) war mit den Mörikes
befreundet. Sie fertigte rund 50 Scherenschnitt-Porträts von Eduard Mörike.
1873/74 versuchte sie in der Ehekrise zwischen Margarethe und Eduard zu
vermitteln.

Ludwigsburg 1923; Inv. Nr. 2004/1374

Fingerhut,
Nadelbüchse und
Rosenkranz von
Margarethe Mörike

19. Jh.; Leihgabe Verein
Deutschordensmuseum,
Inv. Nr. 1452, 1453 a, b

Haushalt zu dritt

Bereits 1837 hatten Eduard und Klara Margarethe
bei einer Kur in Mergentheim kennengelernt.
Seit 1844 wurde die Bekanntschaft weitergepflegt.
Mörike genoss es, mit beiden Frauen zusammen zu sein.

1845 starb Margarethes Vater. Mörike und Klara
kümmerten sich um die zarte Frau,
die vom Pflegen des Vaters erschöpft und
traurig über dessen Tod war. »Gretchen« wohnte
von nun an bei Mörike und seiner Schwester.

1851 heirateten der protestantische Pfarrer a. D.
und die katholische Offizierstochter in der Schlosskirche.
Auch nach der Heirat lebte Klara im Haushalt mit.
Lange hatte man von idealer platonischer Freundschaft
zu dritt geträumt, aber die Beziehung untereinander
führte immer wieder zu emotionsgeladenen Ausbrüchen
zwischen den Frauen.
Das komplizierte Dreiecksverhältnis bestand weiter.

»Lebt wohl und freut Euch, Eins wie das Andere,
ich kann Beide nicht in mir trennen.«
   (Brief vom 14.11.1851)

**Brief an Margarethe
Speeth, 25. Juli 1846**
Zur Zeichnung: »Bey un-
serer Heimkehr fanden
wir mit inniger Rührung,
wie unsere Asclepias für
ihre Ranken einen Stütz-
punkt suchend, so einen
Arm verlängerte, mit
diesem zärtlich erst die
Ihrige umfaßte, dann
weiter greifend mühe-
voll, wohl eine halbe Elle
weit, die Eisenstange in
der Ecke erreichte,
womit man von oben die
Hausthür aufzieht. ...
Gibt es ein schöneres
Symbol des
Verlangens ...«

Leihgabe Verein Deutschordensmuseum e. V., Inv. Nr. 1458,1

Wilhelm Hartlaub

Der Herzensfreund

Wilhelm Hartlaub (1804-85) kannte er seit seiner Zeit
auf der Klosterschule in Urach (1818-1822).
Zusammen mit Hartlaub besuchte Mörike
das Stift in Tübingen (1822-24).
Der »Urfreund« stammte aus Wermutshausen und
war vielseitig literarisch und musikalisch hochbegabt.
Die Freundschaft hielt ein Leben lang.

Von September 1843 bis April 1844 lebten
Eduard Mörike und seine Schwester Klara
bei der Familie Hartlaub in Wermutshausen.
Mergentheim bot sich als neuer Wohnort an, weil es
nur 5-6 Gehstunden von dem besten Freund entfernt lag.

Wilhelm Hartlaub war Mörikes enger Herzensvertrauter.
Er schien auf Gretchen, die neue Vertraute des Dichters,
eifersüchtig gewesen zu sein.
Als Mörike Margarethe Speeth heiratete,
kühlte das Verhältnis der Freunde deutlich ab.

Wilhelm Hartlaub

Das Bild entstand im Atelier Kayser in Stuttgart. Der Stuttgarter Fotograf Hermann Kayser war mit E. Mörike befreundet.

Fotografie (Repro), vermutlich 1866; Original im Literaturarchiv Marbach

Scherzgedicht an Wilhelm Hartlaub, wohl 1842
Das Gedicht wurde später noch stark überarbeitet und
dann 1866 vollendet mit dem Titel »An einen Liebenden«.

An H.
Du klagst, o Lieber, daß Dich die züchtigste
Der Fraun verschmäht, die fromme Theresia,
Geduld! noch leben wir im Jenner,
Aber nicht stets wird der Weißflug stöbern

Im Winkel wo sich einsam des Daches Trauf
In morscher Rinne sickernd vereiniget
Starrt mannsdick zuckerkandelartig
Schimmernd ein sechsfach verwachsner Eiszapf.

Doch bald wehn laue Lüfte den Frühling her
Die Viper sonnt am bröckelnden Felsen sich
(am Duttenberge sonnet die Viper sich)
Es blüht die Arstolochia [?]
festlich dem Tage der Dich geboren.

Wenn dann von jenem eisigen Ungethüm
Auch nicht die kleinste Spur noch zu sehen ist
Will ich neun Heglsperger Kröpfe
Tragen und gehn auf des Grünspechts Füßen.

Leihgabe Verein Deutschordensmuseum e. V.,
Erwerb aus der Sammlung Rath, Inv. Nr. 1458, 15

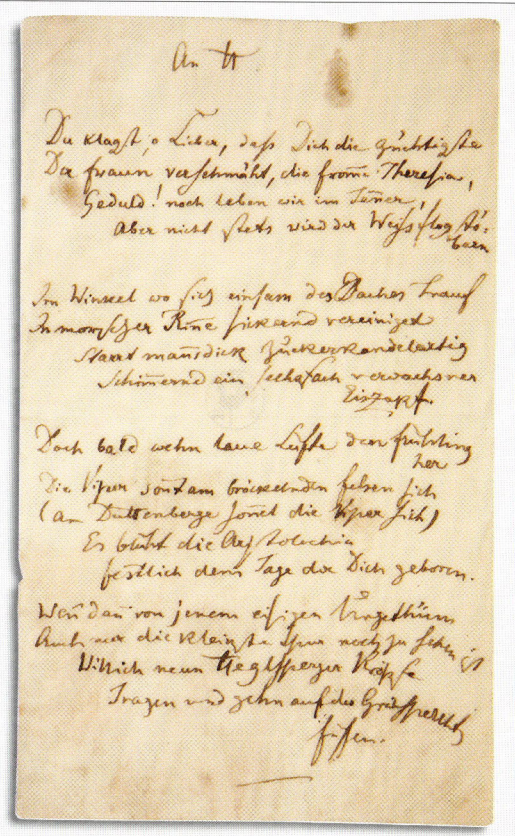

Schnupftabaksdose
Geschenk von
Wilhelm Hartlaub

Leihgabe Verein Deutschordensmuseum e. V., Inv. Nr. 1456

**E. Mörike,
Wermutshausen**
Bleistiftzeichnung,
um 1840, im Literatur-
archiv Marbach
Diese Zeichnung ent-
stand bei einem der
vielen Aufenthalte in
Wermutshausen bei dem
»Urfreund« Wilhelm
Hartlaub (1804-85).

Mörikes Wohlergehen

Schon in der Cleversulzbacher Zeit war Mörike
immer wieder von Beschwerden geplagt.
1840 bat er um Amtsenthebung und Pensionierung.
Ein Attest bescheinigt ihm einen Schlaganfall mit den Folgen
gestörter Rückenmarks- und Herztätigkeit,
die zu anhaltenden Durchblutungsstörungen führten.
Hofrat und Oberamtsarzt Dr. Friedrich Krauss musste jährlich
ein Attest verfassen und ans Konsistorium schicken,
damit Mörike weiterhin seine Pension ausbezahlt bekam.

Mörike klagte über Schwäche, Schwindel und Muskelschwäche.
Rheumatische Beschwerden traten auf.
Er hatte wohl ein sehr empfindliches Nervensystem.

Er trank Mergentheimer Heilwasser,
ging wiederholt auf Kur,
wurde zur Ader gelassen,
unterzog sich einer magnetischen Behandlung,
ließ sich schröpfen, nahm Morphium,
unterzog sich einer Galvanisationsbehandlung,
ließ sich Blutegel ansetzen, nahm Chinapulver ein,
kurierte sich mit Herbstzeitlosentinktur,
ließ sich homöopathisch behandeln,
wendete schwarzes Pflaster und Senfmehl
zur Behandlung an.

Gefäße zur Aufbewahrung von Arzneien, Schröpfköpfe, Morphium-Waage mit Löffeln
Gegen seine vielfältigen Beschwerden wendete Mörike z. B. Morphium (bzw. Opium-Extrakt und -Tinktur), Chinapulver (Extr. Chin. Spir.), Herbstzeitlosentinktur (Tinct. Colchici), Schröpfköpfe an.

(Wir danken für Hilfe und Hinweise von Renate Spaeth).

Mitte 19. Jh.; Leihgabe Apotheker Holch, Schöntal,
Inv. Nr. 2004/1388 a-i

Das Haushaltungsbuch
– die finanziellen Umstände

Mörike habe in finanziell beengten Verhältnissen gelebt,
wird immer wieder hervorgehoben.
Er hatte als früh pensionierter Pfarrer nur eine kleine Rente,
die Schriftstellerei brachte keine regelmäßigen Einnahmen.
Der Haushalt wurde sehr sparsam geführt.
Die finanzielle Situation war erschwert durch Bürgschaften
für seine Brüder, für die der Dichter aufkommen musste.
Durch Margarethe Speeth schien sich die Situation zu verbessern:
man partizipierte an Gartenbau, Güterbewirtschaftung
und Vorratshaltung der Familie Speeth.
Aber in den folgenden Jahren mussten Speeths
wegen Krankheit und Tod des Vaters Grundstücke veräußern.

Andererseits konnte der Dichter es sich leisten,
mit der Schwester auf Kur nach Bad Teinach zu reisen.
Die Mahlzeiten wurden nicht zu Hause gekocht,
sondern von einem nahen Gastwirt geholt.
Man lebte zwar sparsam, aber man demonstrierte auch
mit der Lebenshaltung, dass man zum Bürgertum gehörte.
Mit seinen literarischen Arbeiten gelang es Mörike nicht nur,
zu Ansehen zu gelangen, sondern auch zu Einnahmen,
so dass er am Ende der Mergentheimer Zeit schuldenfrei war.

In Stuttgart konnte Mörike eine relativ wohlhabende Position
repräsentieren: seit 1852 war er Doktor honoris causa,
seit 1856 Professor, wohnte in einem stadtnahen noblen Haus.
Die erworbenen Waren waren teurer und vielfältiger.

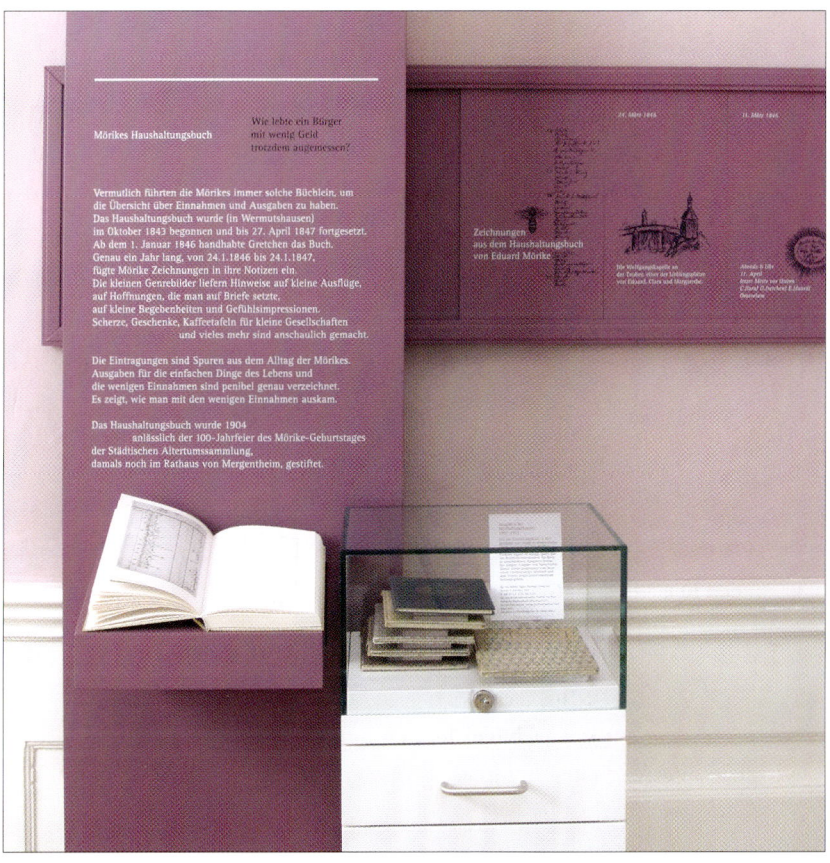

Haushaltungsbuch
1843-47
Geschenk von Mörikes Tochter Fanny Hildebrand 1904 für die Städtische Altertumssammlung Mergentheim

Leihgabe der Stadt Bad Mergentheim, Inv. Nr. 1454

(ohne Abb.)

Brief von Margarethe Mörike an Rudolf Krauß, Neu-Ulm, 11. Juni 1894

Es geht um das Haushaltungsbuch, das sich nach Mörikes Tod in der Hand seiner Frau befand:

»... Dieses Buch nicht mehr aus der Hand zu geben ist nicht nur mein eigenster Entschluss, es ist auch der feste berechtigte Wille meiner Familie, und in erster Linie aber unser Aller Wissen, daß mein Mann durchaus dagegen wäre: dasjenige, was er blos für den engsten Kreis seiner Familie in scherzhafter Weise geschrieben und gezeichnet hatte, in die Welt hinauszusträuen!«

Verein Deutschordensmuseum e.V., Inv. Nr. 1458,3

(ohne Abb.)

Brief von Margarethe Mörike an Rudolf Krauß, Neu-Ulm, 26. März 1894

»Nachschrift: Noch etwas fällt mir bleiern in den Sinn: es besteht zwischen Weimar und uns ein Vertrag, nach diesem dürfte ich (nachfolgend) Nichts von Mörike stammendes in andere Hände überliefern als nur nach Weimar; ...«

Leihgabe Verein Deutschordensmuseum e.V., Inv. Nr. 1458,4

Wie lebte ein Bürger mit wenig Geld trotzdem angemessen?

Das Haushaltungsbuch

Ausgaben des Haushaltungsbuches 1907-1951

Seit das Haushaltungsbuch in Mergentheim ist, wird es immer wieder ediert. Anfangs von dem Mörike-Forscher Eggert-Windegg, später gab das Bezirksheimatmuseum das Buch in verschiedenen Ausgaben heraus. Die jüngste Ausgabe von Hans-Ulrich Simon wurde gemeinsam vom Deutschen Literaturarchiv Marbach und dem Verein Deutschordensmuseum herausgegeben.

Hg. von Walther Eggert-Windegg, Verlag von Strecker & Schröder, 1907 (4. Tsd. 1912, 8. u. 10. Tsd. o.J.) hg. vom Bezirksheimatmuseum mit einem Vorwort von Renz, Verlag der Buchhandlung Hans Kling 1931

Hg. von Hans Schibel, Verlag der Buchhandlung Hans Kling 1951

Leihgabe Privatbesitz, Inv. Nr. 2004/1384a-f

Vermutlich führten die Mörikes immer solche Büchlein, um die Übersicht über Einnahmen und Ausgaben zu haben. Das Haushaltungsbuch wurde (in Wermutshausen) im Oktober 1843 begonnen und bis 27. April 1847 fortgesetzt. Ab dem 1. Januar 1846 handhabte Gretchen das Buch. Genau ein Jahr lang, vom 24.1.1846 bis 24.1.1847, fügte Mörike Zeichnungen in ihre Notizen ein. Die kleinen Genrebilder liefern Hinweise auf kleine Ausflüge, auf Hoffnungen, die man auf Briefe setzte, auf kleine Begebenheiten und Gefühlsimpressionen. Scherze, Geschenke, Kaffeetafeln für kleine Gesellschaften und vieles mehr sind anschaulich gemacht.

Die Eintragungen sind Spuren aus dem Alltag der Mörikes. Ausgaben für die einfachen Dinge des Lebens und die wenigen Einnahmen sind penibel genau verzeichnet. Es zeigt, wie man mit den wenigen Einnahmen auskam.

Das Haushaltungsbuch wurde 1904 anlässlich der 100-Jahrfeier des Geburtstages der Städtischen Altertumssammlung, damals noch im Rathaus von Mergentheim, gestiftet.

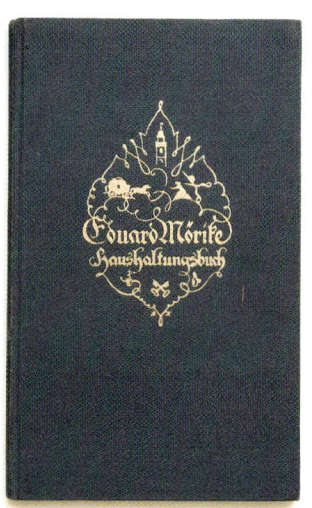

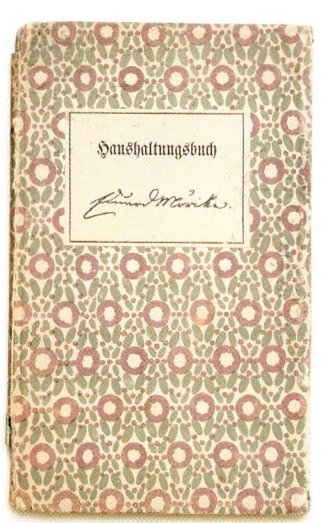

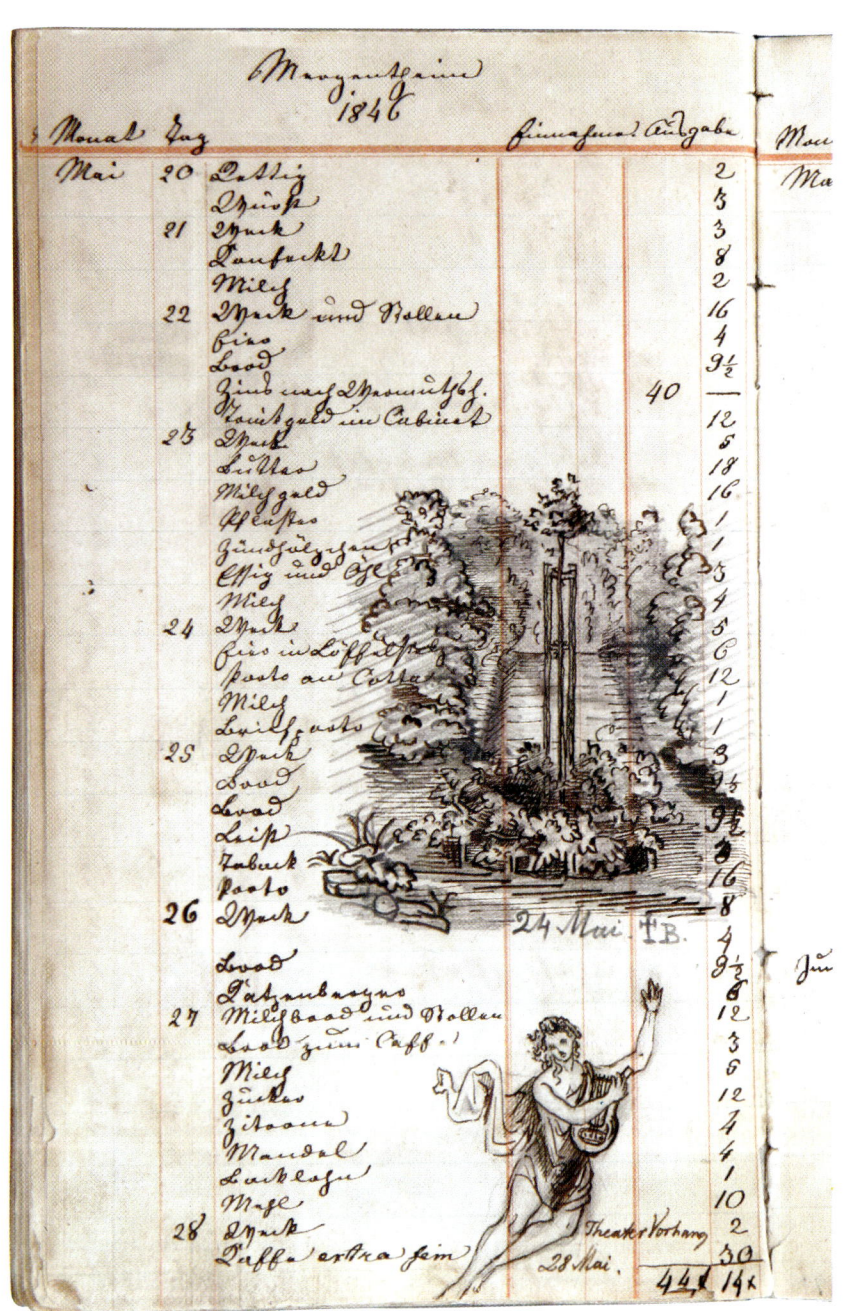

Seite 53 aus Mörikes Haushaltungsbuch,
Einträge vom
16. bis 29. März 1846

41

Im Mörike-Kabinett wird das Haushaltungsbuch durch einen Wandfries vorgestellt. Hierfür wurden einzelne Zeichnungen aus dem Büchlein grafisch aufbereitet und mit Kommentaren versehen an der Wand befestigt.

Zeichnungen aus dem Haushaltungsbuch von Eduard Mörike

15. März 1846

Die erste Nachtigall im Hofgarten
von Eduard gehört
Mörike mit seiner Schwester Klara
und Margarethe im
J. Meyderschen Gartenlokal

43

27. März 1846

Klara und Margarethe
beim Spaziergang
vor der Burg Neuhaus

29. März 1846

Adelsheim
Die ganze Zeit über

Der Turm der Stadtpfarrkirche,
auf dem Mörike gerne den Türmer und
Schneider Hermann aufsuchte.
Hinweis auf den Kontakt zum Baron von Adelsheim,
der Kunst, Kuriosa und Exotica sammelte.

7. April 1846

Morgens während
des Erzählens
*   Punschessenz*

Selbstporträt Mörikes

9. April 1846

Ostern 1846 kündigt sich an:
Fastenspeise zu Gründonnerstag.
Osterglocken läuten;
Osterhase und Ostereier

11. April 1846

22. April 1846

Abends 6 Uhr
11. April
letzte Mette vor Ostern
C. (lara) *G.* (retchen) *E.* (duard)
Oratorium

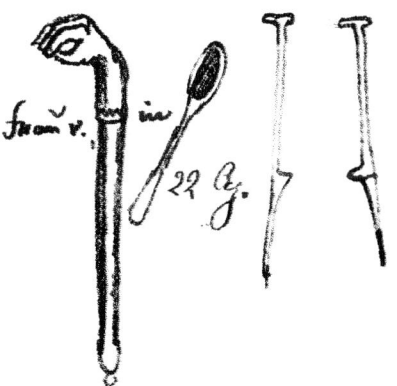

Ein Rebus – Auflösung:
Frau von Kratzer in Löffel-Stelzen.
Mörike machte häufig Ausflüge ins nahe Dorf
Löffelstelzen, um dort Wilhelmine von Kratzer,
die Schwester des Barons von Adelsheim,
zu besuchen.

25. April 1846

Beim Schellenhäuschen im Schlosspark
Wilh. Meister d. 25. Apr.
Dieses ist nemlich ein ganz kleines Krüglein, woraus Milch getrunken wurde.
Der Monsieur Herre (Schlossverwalter) *ist unsichtbar hinter dem Häuschen*
auf einer Bank angebracht. ...

9. Mai 1846

Ansicht des Dorfes Löffelstelzen,
wenn man sich auf der Steige von
Mergentheim nähert

24. Mai 1846

Gezeichnet im Gedenken
des Todes von Ludwig Bauer

14./15./16. Mai 1846

29. Juni 1846

Mörike klagte am 14., 15. und 16. Mai
über Kopfschmerzen.

W = Weh

Vale! –

Have. –

Proficiscere –

Salve! –

Lebe wohl! – Lass es dir gut gehen. –
Gute Reise – Sei gegrüßt!
Gute Wünsche für Margarethe,
die mit einem Koffer auf Reise geht.

5. Juli 1846

O liebe, liebe Seele.
Du bist jetzt so weit weg
scheiden und meiden
bringt des Wiedersehens Freude.

6. Juli 1846

Donner und Blitz im Haus

Mörike hatte eine Auseinandersetzung
mit Wilhelm Speeth.

24. Juli 1846

*Ach E.! der Mezger
B.(erberich) beißt mich!*

Hier klagt wohl Margarethe
dem Eduard ihr Leid.

53

25. Juli 1846

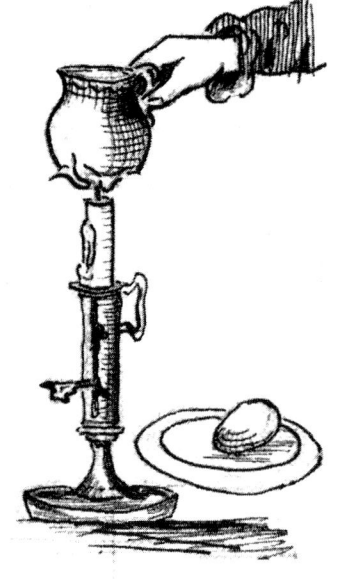

Die tägliche Ration
Milch und Weck

13. August 1846

Ludwig Mörike, Eduards Bruder

54

16. August 1846

Eine Gesellschaft im Kurbad.
Mörike, Klara, Margarethe Speeth, Wilhelm Hartlaub
und Mörikes Bruder Ludwig

28. September 1846

Klaras Frage:
Lamentoso:
Was esse mer heut?

30. Oktober 1846

Ma chère mère
»Meine liebe Mutter«,
wohl Porträt von Josephine Speeth
(damals noch in Bamberg)

8. November 1846

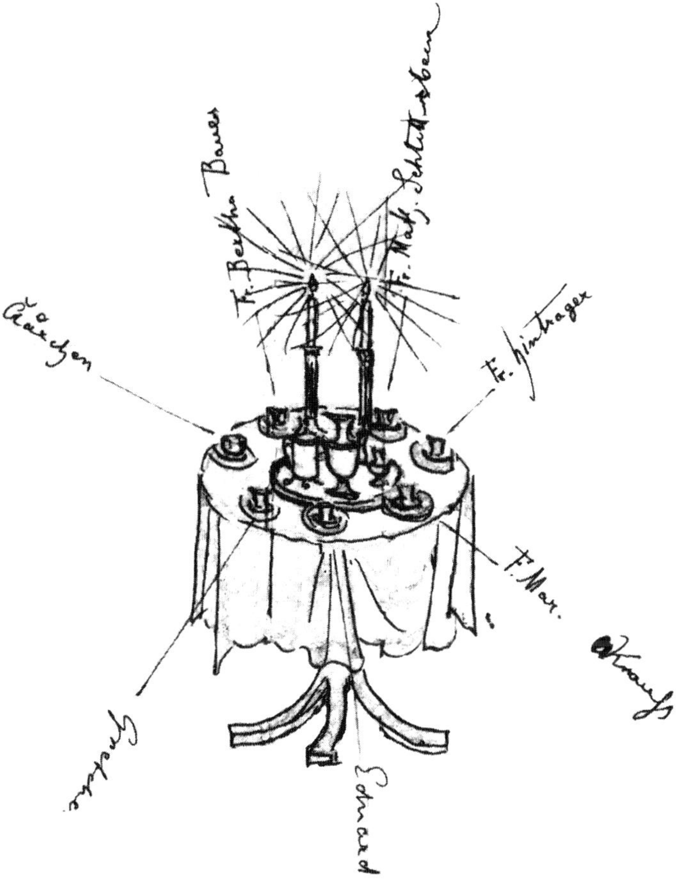

Eine gedeckte Tafel für Gäste von Klara und Eduard:
Fr. Bertha Bauer: Tochter des Oberamtsarztes
Fr. Math. Schlotterbeck: Tochter des Kameralverwalters
Fr. Hintrager: Tochter des Weikersheimer Dekans
F. Mar. Krauss: Tochter des Mergentheimer Arztes

30. Dezember 1846

Diesen kostbaren Diamantring erhielt Eduard Mörike als Belohnung für die »Idylle vom Bodensee«, die er dem Kronprinzen Karl von Württemberg gewidmet hatte.

Prosa in der Mergentheimer Zeit

Die Zeit in Mergentheim war für Mörike produktiv.
Durch seine Pensionierung verfügte er über reichlich Zeit.
Die Beziehung zu Margarethe Speeth wirkte inspirierend.

Das Hauptwerk ist die »Idylle vom Bodensee«.
Das Versepos, das von einem Glockendiebstahl und
einer Bestrafung handelt, wurde in Hexametern geschrieben,
was eine humoristische Distanz erzeugt.
Der Dichter verknüpfte das idealisch Entrückte
mit dem humoristisch Drastischen.
Der Wertewandel im 19. Jahrhundert, nach
Französischer Revolution, Säkularisation und
Mediatisierung, wurde hier angesprochen.
»Er macht die
Beschwörung der Harmonie zum Memento mori« (Simon).

Mörike widmete das Werk dem Kronprinzen Karl, der sich
mit einem kostbaren Diamantring dafür bedankte.
Die »Idylle« wurde mit dem Tiedge-Preis ausgezeichnet
und trug zur Anerkennung des Dichters bei.

In der Mergentheimer Zeit entstand außerdem das Fragment
»Geschichte von der silbernen Kugel oder
Der Kupferschmied von Rothenburg« (postum veröffentlicht).

Außerdem entwarf er hier das Konzept für die Novelle
»Mozart auf der Reise nach Prag«, mit der der Dichter
ein kleines »Charaktergemälde Mozarts« vorlegen wollte.

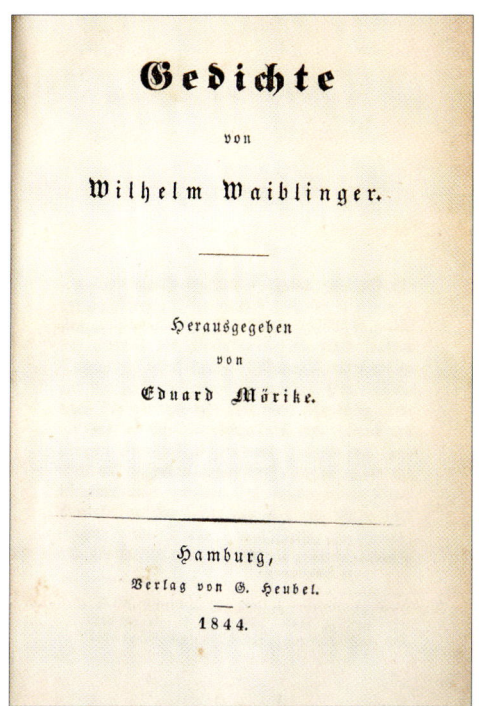

Gedichte von Wilhelm Waiblinger

Eine der ersten Aufgaben Mörikes in der Mergentheimer Zeit war die Herausgabe der Gedichte des früh verstorbenen Freundes Wilhelm Waiblinger (Heilbronn 1804-1830 Rom).

Mörike stellte eine Auswahl zusammen und griff stark in die Textform der Vorlage ein.

Verlag von G. Heubel, Hamburg 1844; Leihgabe aus Privatbesitz, Inv. Nr. 2004/1392

Idylle vom Bodensee oder Fischer Martin und die Glockendiebe.
In sieben Gesängen von Eduard Mörike

Wichtigstes Werk der Mergentheimer Zeit, begonnen im Sommer 1845. Gustav Schwabs Reiseführer über den Bodensee und eine Reise zum Bodensee 1840 liefern den Hintergrund für die arkadisch empfundene Landschaft. Mörike bekam vom Verleger ein gutes Honorar. Für die Idylle erhielt Mörike den Tiedge-Preis für das beste Gedicht, das in den letzten fünf Jahren erschienen ist. In der Jury waren u. a. Ludwig Uhland und Jacob Grimm vertreten. Kleine Partien des Werks sind autobiografisch gestaltet: Die Schäferin Margarethe liebt den Schiffer Tone, ohne dass ihre Liebe erwidert wird. Tone liebt die Wirtstochter Gertrud, die ihm nicht treu ist. Hier wird darauf angespielt, dass Mörike, als er ins Speeth'sche Haus einzog, noch um Friederike Faber freite.

Erste Ausgabe, E. Schweizerbart'sche Verlagshandlung, Stuttgart 1846; Bücher Inv. Nr. 535

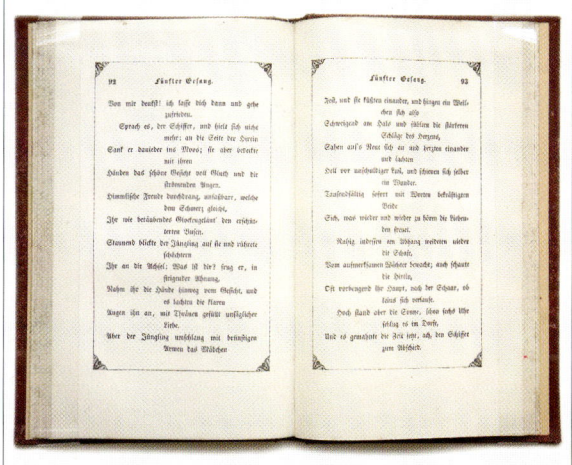

Eduard Mörike, Idylle vom Bodensee, 1856

Die Auflage der ersten Ausgabe betrug 1500 Stück, 1856 erschien diese schlankere Ausgabe, allerdings mit Goldprägung und Kupferstich veredelt. Nach zwölf Jahren war von der zweiten Auflage erst die Hälfte verkauft. Der Stahlstich des Frontispizes von E. Dertinger (1816-65) nach einer Zeichnung von F. Rothbart (1823-99) zeigt die Szene aus dem fünften Gesang, wo der Schiffer Tone der Schäferin Margarethe seine Liebe erklärt.

Zweite Ausgabe, Schweizerbart, Stuttgart 1856; Leihgabe aus Privatbesitz, Inv. Nr. 2004/1391

(ohne Abb.)

Eduard Mörike, Idylle vom Bodensee

»Der Gedanke an den Tod ist eine große Gegenwart in Mörikes Leben, eine flaumenleichte, doch zwangsläufige Vergegenwärtigung der Ebenerdigkeit des Lebens mit seinem unbezweifelbaren Ende. Und die Welt ist der Ort, wo Sehnsucht möglich ist. Allerdings verdanken wir es doch vielleicht dem Naturell Mörikes, daß sich in seinen Versen Heiterkeit und Schmerz aufs schönste verbinden, ...« (Arnold Stadler)

Herausgegeben von Egon Gramer, mit einem Essay von Arnold Stadler, Insel Verlag, Frankfurt a. M. und Leipzig 2004, Inv. Nr. 2004/1404

Idylle vom Bodensee
Illustrationen von Hans Sauerbruch.
Ausgaben der Idylle als einzelnes Werk kamen 1846, 1856, 1912, 1947 und 2004 heraus.

Thorbecke Verlag, Lindau 1947; Leihgabe aus Privatbesitz, Inv. Nr. 2004/1390

Mozart auf der Reise nach Prag

Die Novelle »Mozart auf der Reise nach Prag« ist noch in der Mergentheimer Zeit konzipiert worden und erschien im Morgenblatt zwischen 22. Juli und 12. August 1855 in vier Lieferungen. 1856 erschien dann die Buchausgabe.

Neben der ersten Seite findet man eine Anzeige, die Mörikes zweite Auflage der Gedichte anpreist. Die Mozart-Novelle gehört zu den wenigen Werken Mörikes, die auch bei einem breiten Publikum Anklang fanden.

In: Morgenblatt für gebildete Leser 1855; Leihgabe Hartwig Behr, Inv. Nr. 2004/1387

(ohne Abb.)

Fragment „Geschichte von der silbernen Kugel …"

Hier wird die kauzige Figur des Fossiliensammlers und Antiquitätenkramers Knisel in Rothenburg im späten 18. Jahrhundert zur Zeit der Revolutionskriege gezeichnet. Ein Silberschatz soll vor den Franzosen gerettet werden, er wird zur Kugel geschmolzen, die in die Tauber rollt. Jahre später wird sie von einem Fischer an Land gezogen und man lässt sie der rechtmäßigen Erbin zukommen.

Harry Maync hat als Erster eine textkritische Ausgabe von Mörikes Werken zusammengestellt und bis dahin unveröffentlichte Texte zugänglich gemacht, so auch oben erwähntes Fragment.

Enthalten in: Mörikes Werke, Herausgegeben von Harry Maync, Bibliographisches Institut, Leipzig und Wien 1909, Inv. Nr. 2004/1375

Poetisierung des Alltags – die Gedichte

1847 (datiert 1848) erschien eine neue Ausgabe der Gedichte,
in die 55 neue Titel aufgenommen worden sind.
Etwa 40 Gedichte stammen aus der Mergentheimer Zeit.
Einige davon gehören zu den besten Arbeiten Mörikes.
Darunter ist ein Reigen Liebesgedichte,
inspiriert durch die Begegnung mit Margarethe Speeth.

Viele dieser Werke beziehen sich auf
antike Dichtung und Goethes lyrisches Schaffen.

Mörike schuf Gedichte unterschiedlicher Genres:
Gelegenheitsverse, Liebesgedichte, Gedichte auf Kunstdinge,
und nahm – besonders in der Mergentheimer Zeit –
mit Gedichten auf einfache Dinge und alltägliche Geschehnisse
eine Poetisierung des Alltags vor.
Der Dichter reagiert so auf Modernisierungserscheinungen
und Beschleunigungsprozesse seiner Zeit.

In den Gedichten zeigt sich, dass Mörike nicht nur
der Dichter einer niedlichen, biedermeierlichen Idylle ist,
als der er immer wieder hingestellt wurde.

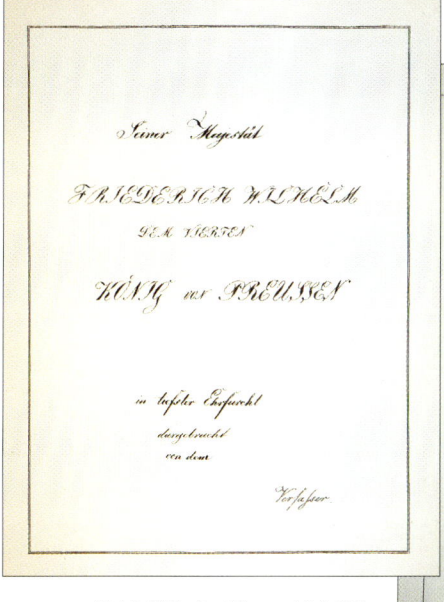

Faksimile Klinkhardt und Biermann, Leipzig 1924,
Nr. 130 von 350 Exemplaren;
Leihgabe Verein Deutschordensmuseum e. V.

Gedichte von Eduard Mörike »Revidirte und mit Neuem vermehrte Sammlung. Manuscript des Verfassers. 1844«
Mörike schickte am 19. April 1844 in der Hoffnung auf Unterstützung an König Friedrich Wilhelm IV. von Preußen, einem bekannten Förderer der Künste, diese eigenhändig geschriebene Sammlung seiner Gedichte.
Dieses Album hatte er vermutlich im Frühjahr 1844 in Wermutshausen zusammengestellt. Anstatt einer Zuwendung bekam er allerdings nur ein sachliches Dankschreiben zurück.

Gedichte von Eduard Mörike
Wichtiges Werk, das in der Mergentheimer Zeit erschienen ist. Der Dichter ergänzte hier die Ausgabe seiner Gedichte um 55 neue Werke. Etwa 40 davon sind in der Mergentheimer Zeit entstanden. Von der ersten Auflage waren 1847 400 Stück immer noch nicht verkauft. Verleger Cotta ließ sie einstampfen vor Herausgabe der zweiten Auflage. Als Honorar erhielt Mörike 400 Gulden, 20 Freiexemplare und die 40-bändige Cotta'sche Goethe-Ausgabe.

Zweite vermehrte Auflage, J. G. Cotta'scher Verlag,
Stuttgart und Tübingen 1848;
Geschenk Rotary Club Bad Mergentheim,
Inv. Nr. 2004/1356

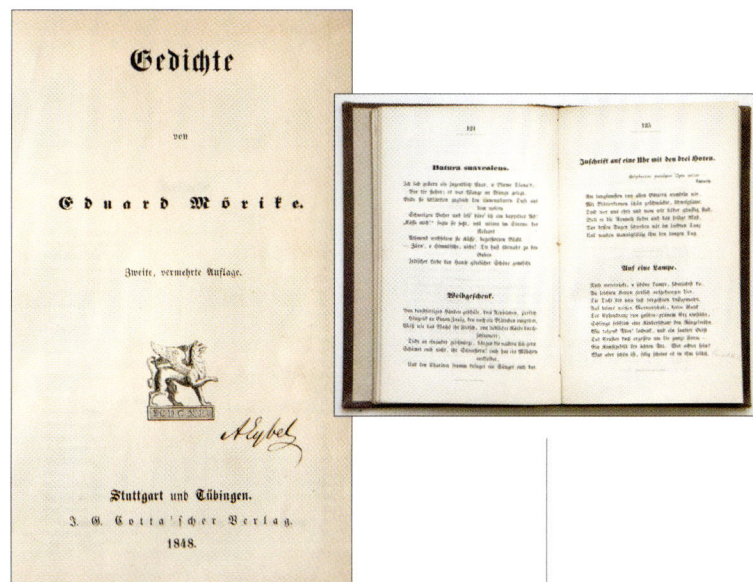

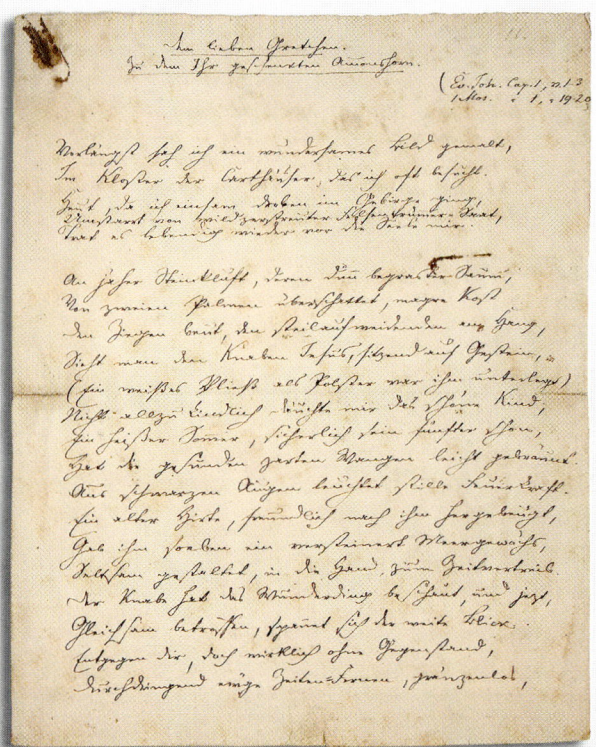

Göttliche Reminiscenz

Vorlängst sah ich ein wundersames Bild gemalt,
Im Kloster der Kartäuser, das ich oft besucht.
Heut', da ich im Gebirge droben einsam ging,
Umstarrt von wild zerstreuter Felsentrümmersaat,
Trat es mit frischen Farben vor die Seele mir.

An jaher Steinkluft, deren dünn begraster Saum,
Von zweien Palmen überschattet, magre Kost
den Ziegen beut, den steilauf weidenden am Hang,
Sieht man den Knaben Jesus sitzend auf Gestein;
Ein weißes Vlies als Polster ist ihm unterlegt.
Nicht allzu kindlich deuchte mir das schöne Kind;
Der heiße Sommer, sicherlich sein fünfter schon,
Hat seine Glieder, welche bis zum Knie herab
Das gelbe Röckchen decket mit dem Purpursaum,

Hat die gesunden, zarten Wangen sanft gebräunt,
Aus schwarzen Augen leuchtet stille Feuerkraft,
Den Mund jedoch umfremdet unnennbarer Reiz.
Ein alter Hirte, freundlich zu dem Kind gebeugt,
Gab ihm soeben ein versteint Meergewächs,
Seltsam gestaltet, in die Hand zum Zeitvertreib.
Der Knabe hat das Wunderding beschaut, und jetzt,
Gleichsam betroffen, spannet sich der weite Blick
Entgegen dir, doch wirklich ohne Gegenstand,
Durchdringend ew'ge Zeitenfernen, grenzenlos,
Als wittre durch die überwölkte Stirn ein Blitz
Der Gottheit, ein Erinnern, das im gleichen Nu
Erloschen sein wird, und das welterschaffende,
Das Wort von Anfang, als ein spielend Erdenkind,
Mit Lächeln zeigt's, unwissend dir sein eigen Werk.

Herrn Hofrath Dr. Krauß

Der jüngsten in dem weit gepries'nen
Schwesternchor
Heilkräft'ger Nymphen unsres lieben Vaterlands,
Die wundertätig im bescheidnen Tempel wohnt,
Sich selber still weissagend einen herrlichern;
In deren schon verlorne Gunst du leise mich
An deiner priesterlichen Hand zurückgeführt:
Heut in der frühesten Morgenstunde goß ich ihr
Die Opfermilch, die reine, an der Schwelle aus,
Und schenkte dankbar ein kristallen Weihgefäß.

Sie aber, rauschend in der Tiefe, sprach dies Wort:
»Bring meinem Diener, deinem Freunde,
    den Pokal,
Mit jenes Gottes Feuergarbe voll gefüllt,
Der meinen Berg mit seinen heiligen Ranken
    schmückt,
Obwohl er meine Lippen zu berühren scheut!«

Autograf des Gedichtes »Herrn Hofrath Dr. Krauß. Bad Mergentheim, Jul. 1847«

Leihgabe Verein Deutschordens-museum e.V., Inv. Nr. 1458,16

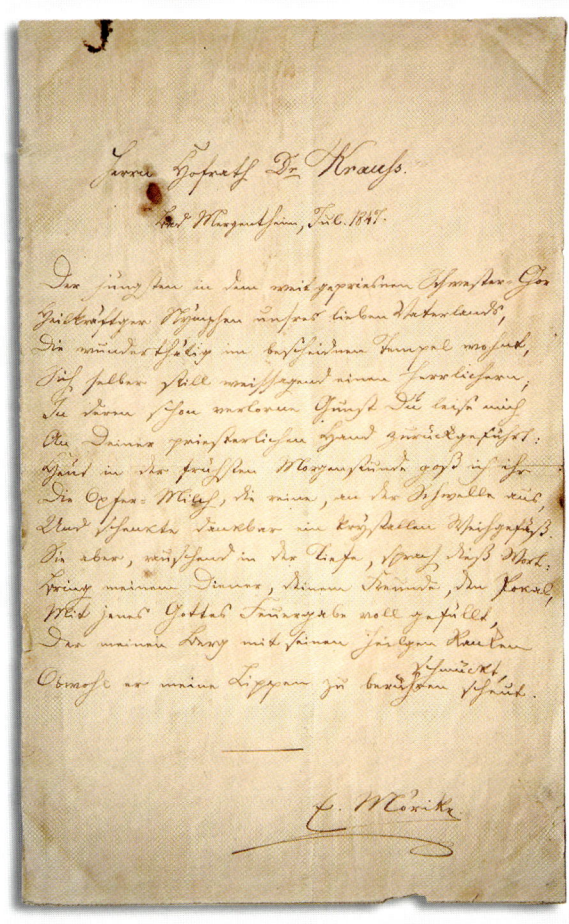

Eduard Mörike
In Bad Mergentheim entstandene Gedichte (1. November 1844 - 14. April 1851)

HKA: Eduard Mörike, Werke und Briefe. Historisch-kritische Gesamtausgabe. Stuttgart 1967 ff; SW: Eduard Mörike, Sämtliche Werke in zwei Bänden. München 1967

	Überschrift	Gedichtanfang	Entstehung	Erstdruck	Ausgabe
1	Zu kleinen Buketts	Blumen, die so freundlich grüßen	30. November 1844	–	SW 2, 444
2	Rätsel	Ich bin eine dürre Königin	bis 10. Dezember 1844	1846	SW 2, 383
3	Frankfurter Brenten	Mandeln erstlich, rat ich dir	bis 10. Dezember 1844	1852	SW 2, 384
4		Allhier auf dieser Schiefertafel / Frühe säe deinen Samen	bis 10. Dezember 1844		SW 2, 445
5	An S.	Es sei ein Bübchen oder Mädchen	bis 10. Dezember 1844	–	SW 2, 445
6		Statt echten Prachtjuwels	bis 10. Dezember 1844		SW 2, 483
7	An Clärchen	Steck deinen Schnuller in den Mund	bis 10. Dezember 1844		SW 2, 483
8		Was doch das Rauchen	bis 10. Dezember 1844		SW 2, 483
9	Mit einer Schürze	Liebes Klärchen, in der Kürze	bis 10. Dezember 1844		SW 2, 484
10	[An Clärchen]	Wie dich auch die Menschen plagen	bis 10. Dezember 1844	–	SW 2, 484
11	Zum Neujahr	An tausend Wünsche, federleicht	zum 1. Januar 1845	1856	HKA 1.1, 323
12	[Zu einer Zeichnung]	Wie einer Trübsal bläst	Anfang 1845	–	SW 2, 505
13	Scherz	Ganz richtig hört ich sagen	vor 5. Februar 1845	1856	SW 2, 385
14	Rührgedicht	Soll ich, was ich zwar noch nicht glaube	Anfang 1845	–	SW 2, 511
15	[Zu einer wichtigen Postsendung]	Weil was einen Freund gedrückt	14. Januar 1845	–	SW 2, 505
16	[Auf ein fromm neuvermähltes …]	Wo sind die neuen Eheleute	30. Januar 1845		SW 2, 445
17	Werm. 5. Febr. 1845	Zur Warnung hört ich sagen	5. Februar 1845	–	SW 2, 505
18	An meine Base Gnes	Was mag wohl dein Traum bedeuten	9. Februar 1845	–	SW 2, 511
19	Unter ein Bildchen mit Gnomen	Host Gold-Erz g'nug, den Helm zu zieren	zwischen 15. und 27. Februar 1845	–	SW 2, 446
20	Der Petrefaktensammler	Einmal noch an eurer Seite	vor dem 12. März 1845	1847	HKA 1.1, 328
21	Mit einem Anakreonskopf und einem Fläschchen Rosenöl	Als der Winter die Rosen geraubt	April 1845	1846	HKA 1.1, 124
22	Poetische Epistel an W.	Eine hübsche Ostrea	2. Mai 1845	–	SW 2, 506
23	Unserer liebsten Constanze	Die frischen Blüten auf dem leichten Hut	zum 3. Mai 1845	–	SW 2, 508

24	[Katholischer Gottesdienst]	Siehst du den schettergoldnen Mariendienst	12. Mai 1845	–	SW 2, 446
25	Bei der Marien-Bergkirche	O liebste Kirche sondergleichen	zum 29. Mai 1845	1846	HKA 1.1, 242
26	Auf dem Weg von Merg. nach …	Gepriesnes Häuschen, welches am langen Arm	29. Mai 1845	–	SW 2, 446
27	Im Garten zu W.	Auf Zephirs Flügeln wollt ich …	Juni 1845	–	SW 2, 447
28	[Distichen]	Jetzt kein Wort Droht der sichere Mann Nun, wie geht der Verkauf Wer nicht liebt Weniges Wasser nur	Juni 1845	–	SW 2, 447
29	d. 8t. Junii 45	Wer auf mailicher Au	8. Juni 1845	–	SW 2, 447
30	Der lieben Constanze	Ohne einiges Bedenken	8. Juni 1845	–	SW 2, 508
31	Josephine	Dünkt euch die Schöne …	8./21. Juni 1845	1846	SW 2, 385
32	Zum zehnten Junii 1845	Früh, schon vor der Morgenröte	10. Juni 1845	–	SW 2, 489
33	Götterwink	Nachts auf einsamer Bank	21. Juni 1845	1846	HKA 1.1, 125
34	Corona Christi	Der Mutter eigen von dem Sohne	bis 14. Juli 1845	1852	SW 2, 386
35	Ach nur einmal noch im Leben	Im Fenster jenes alt verblich'nen Gartensaals	vor dem 4. August 1845	1846	HKA 1.1, 256
36		Margareta, so bin ich getauft	vor 12. August 1845	–	SW 2, 494
37	Zu Claras Namenstage	Nach der ich früh und spät …	12. August 1845	–	SW 2, 487
38	Einer kranken Freundin mit …	Der Sommer hört schon auf zu blühn	vor 13. August 1845	–	SW 2, 448
39		Was bringst du geflügelter Bote mit Eilen	nach 14. August 1845	–	SW 2, 495
40	Göttliche Reminiscenz	Vorlängst sah ich ein wundersames Bild	vor dem 22. August 1845	–	HKA 1.1, 258
41	An Gr[etchen] und C[lärchen]	Beiden liebsten Patienten	22. August 1845	–	SW 2, 498
42	Mit Blumen aus …	Ein Angedenken	25. August 1845	–	SW 2, 495
43	Auf einer Wanderung	In ein freundliches Städtchen tret' ich ein	vor dem 30. August 1845	1846	HKA 1.1, 157
44	Dem Herrn Prior der Carthause I.	Sie haben goldne Verse mir	vor dem 30. August 1845	1848	HKA 1.1, 269
45	Keine Rettung	Kunst! o in deine Arme wie gern …	bis 30. August 1845 (vielleicht Jahre früher)	1846	SW 2, 386
46	Auf den Tod eines Vogels	O Vogel, ist es aus mit dir	30. August 1845	1846	HKA 1.1, 252
47	Margareta	Ach, muß der Gram	August 1845	1846	HKA 1.1, 253
48	Vom Kirchhof	Gräschen, wenn auch noch so schlicht	22. September 1845	1852	SW 2, 386

49	[Mit einem Teller wilder Kastanien]	Mir ein liebes Schaugerichte	29. September 1845	–	SW 2, 487
50	An den Vater meines Patchens	Der Knabe, der zehn Jahre später dir	8. Oktober 1845	1848	HKA 1.1, 266
51	Mergentheim	Ein ganzes Weilchen …	12./13 Oktober 1845	–	SW 2, 448
52	20. Okt[ober] 45	Mit den schönsten Morgengrüßen	20. Oktober 1845	–	SW 2, 496
53	[An Gretchen und Clärchen …]	Ich fand sie dicht am Wege	29. Oktober 1845	–	SW 2, 499
54	An M.	Ich sehe dich mit rein-bewußtem Willen	Herbst 1845 (Umarbeitung eines Gedichts von 1830)	1852	SW 2, 386
55		Bestes Gretchen! im Vertrauen	4. November 1845	–	SW 2, 496
56	Auf einem Kirchthurm	Ein Glockentonmeer wallet	11. November 1845	1848	HKA 1.1, 322
57	An Gretchen und Clärchen	Müssen Sinne und Gedanken	11. November 1845	–	SW 2, 499
58	An Clärchen	Die Freundin immer neu zu schmücken	16. November. 1845	1848	HKA 1.1, 251
59	[Zu verspäteten Blümchen]	Diese dachten ungesehen	29. November 1845	–	SW 2, 449
60	Zwei dichterischen Schwestern	Heut lehr' ich euch die Regel –	6. Dezember 1845	1862	HKA 1.1, 308
61	Gefunden	Zeus, um die Mitte zu finden	bis 18. Dezember 1845	1846	HKA 1.1, 105
62	Das Bildniss der Geliebten	Maler, du zweifelst mit Recht	bis 18. Dezember 1845	1846	HKA 1.1, 127
63		O liebes Täflein! so zu enden	20. Dezember 1845	–	SW 2, 449
64		Denk an *sie* beim andern Stich	Ende 1845	–	SW 2, 500
65		Herzlich gönnen wir dir beide	Ende 1845	–	SW 2, 500
66	Rätsel	In Silber kleidet sich's, in Gold,	1845	–	SW 2, 512
67	Grabschrift des Pietro Aretino	Böses nur sagte der Schelm	vor 31. Januar 1846	1848	HKA 1.1, 364
68	Nach einer schläfrigen Vorlesung von »Romeo und Julia«	Guten Morgen, Romeo	1845/46 bis 24. Januar 1846	1858	SW 2, 387
69	Citronenfalter im April	Grausame Frühlingssonne	9. April 1846	1852	HKA 1.1, 321
70	Zu Eröffnung eines Albums	Ein Album! Schneeweiß Pergamentpapier	Mai 1846	1846	HKA 1.1, 185
71	Erbauliche Betrachtung	Als wie im Forst ein Jäger	zwischen 22. Mai und 29. Juni 1846	1847	HKA 1.1, 260
72	Crux fidelis	Crux fidelis inter omnes	bis 29. Juni 1846	–	SW 2, 449
73	Abreise	Fertig schon zur Abfahrt steht der Wagen	kurz vor 1. Juli 1846	1846	HKA 1.1, 143
74	Weihgeschenk	Von kunstfertigen Händen geschält	Anfang Juli 1846	1848	HKA 1.1, 129

75	Am Rheinfall	Halte dein Herz, o Wanderer, fest	30. Juli 1846	1847	HKA 1.1, 163
76	Inschrift auf eine Uhr mit den drei Horen	Am langsamsten von allen Göttern	kurz nach 17. August 1846	1847	HKA 1.1, 131
77	Schiefertafel-Korrespondenz	Beide seien eigenhändig	18. Oktober 1846	–	SW 2, 496
78	Der Häßliche	Häßlich genug, wie er ist	vor dem 27. November 1846	1858	HKA 1.1, 167
79	Datura suaveolens	Ich sah eben ein jugendlich Paar	Ende November 1846	1847	HKA 1.1, 128
80	Aus der Ferne	Weht, o wehet, liebe Morgenwinde	vor dem 7. Dezember 1846	1848	HKA 1.1, 254
81	Auf eine Lampe	Noch unverrückt, o schöne Lampe	1846	1846	HKA 1.1, 132
82	Früh im Wagen	Es graut vom Morgenreif	1846	1846	HKA 1.1, 146
83	Epistel	Wie sich dein neuer Poet	1846	1865	HKA 1.1, 174
84	Neue Liebe	Kann auch ein Mensch des andern auf der Erde	1846	1852	HKA 1.1, 206
85		Mit Blumensaft – was schreib ich dir	1846	–	SW 2, 497
86	[An Gretchen]	Wofern dein Schwesterchen das Paradies	1846	–	SW 2, 497
87		Zwar weder Kranz, noch Ehrenpforte	1846/47	–	SW 2, 497
88	An O.H. Schönhuth	Herr Vater, gebt Euch nur zufrieden	vor dem 21. Januar 1847	1847	HKA 1.1, 247
89	Im Park	Sieh, der Kastanie kindliches Laub	Frühjahr 1847	1848	HKA 1.1, 121
90	Herrn Hofrath Dr. Krauß	Der jüngsten in dem weitgepries'nen Schwestern-Chor	Sommer 1847	1848	HKA 1.1, 276
91		Von all den auserwählten Namen	13. Juli 1847	–	SW 2, 497
92	Der ›Kann-Arien-Vogel‹	Durch weite Meer- und Länderstrecken	20. Juli 1847	–	SW 2, 498
93	In das Stammbuch von Theodor Buttersack	Wenn unsereiner sieht ein junges Leben	September 1847	1847	SW 2, 388
94	Auf einer Wanderung	Ich habe Kreuz und Leiden	1847	1858	SW 2, 387
95	An Fräulein E. Bauer	Ein Städtlein blüht im Taubergrund	29. November 1848	–	SW 2, 450
96	[Dichters Ende]	Als Dichtel hab ich ausgestritten	1849 vor 16. März 1848	–	SW 2, 450
97	Am 10. Juni 1849	Nicht lange will ich meine Wünsche wählen	10. Juni 1849	–	SW 2, 489

Sämtliche Gedichte in chronologischer Reihenfolge

Rosemarie Volz

Ein Städtlein blüht im Taubergrund

Das Stammbuch von Emma Bauer im Mörike-Kabinett

Emma Bauer hatte schon mehrere Jahre die Schule verlassen, als sie – wie ihre Schwestern Bertha und Marie – begann, ein Stammbuch anzulegen. Dieses Buch erlangt durch Eduard Mörikes Widmung »Ein Städtlein blüht im Taubergrund ...« seine besondere Bedeutung.

Lebenslauf von Emma Bauer (1825-1896)

Emma Bauer wurde am 18. Dezember 1825 in Mergentheim geboren und wuchs mit den Schwestern Bertha (1821-1854) und Marie (1828-1910) sowie mit Bruder Bernhard (1823-1906) im sog. »Doktorhaus« in der Krametsgasse auf. Ihr älterer Bruder Hermann (1814-1872) hatte schon das Elternhaus verlassen und besuchte das Lyceum in Öhringen und anschließend das Evangelische Theologische Seminar in Schöntal.

Die Eltern von Emma Bauer: Dr. Christian Friedrich Bauer und Karoline Sophie Katharina Landbeck stammen aus Pfar-

rerfamilien des Hohenloher Landes und hatten 1813 in Öhringen geheiratet. Sie kamen 1814 nach Mergentheim, da Dr. Bauer die Nachfolge von Oberamtsarzt Dr. Röser antrat. Dr. Bauer erkannte sehr rasch die Bedeutung der von Schäfer Gehrig 1826 (wieder) entdeckten Mineralquelle und machte die Gründung und Entwicklung des Heilbades zu seiner Lebensaufgabe.

1831 wurde er zum Ehrenbürger der Stadt Mergentheim ernannt. Sein Amtskollege Dr. Justinus Kerner hatte dem Dichterpfarrer Eduard Mörike die von Dr. Bauer verfasste Schrift »Mergentheim und seine Heilquellen« entliehen, als dieser von Cleversulzbach aus ein geeignetes Heilbad für seine geplante Kur suchte. Als Mörike mit Schwester Klara 1837 in Mergentheim zur Kur eintraf, knüpfte er erste Kontakte zur Familie Bauer, insbesondere zur Pfarrerswitwe Sophie Bach, geb. Bauer.

Nach dem Tod von Dr. Bauer im Februar 1838 zogen seine Schwestern Sophie Bach, Wilhelmine Köttner und Renate

Bauer in den ersten Stock des »Doktor-hauses« ein, wo vorher seine umfang-reichen Sammlungen aufbewahrt waren und die nun verkauft werden mussten.

Emma Bauer besuchte vom 6. bis 14. Lebensjahr in Mergentheim die Evange-lische Deutsche Schule, die sie nach der Konfirmation mit sehr gutem Zeug-nis verließ. Da nach dem Tod ihres Va-ters für die Familie eine finanziell sehr schwierige Zeit anbrach, erlernte sie zunächst bei ihrer Mutter die Haus- und Gartenarbeit und führte dann ein Jahr lang ihrem Bruder Hermann (bis zu dessen Heirat) den Haushalt an seiner ersten Pfarrstelle in Gnadental. Nach ihrer Rückkehr 1841 wurde Emma zu-hause von ihrer Schwester Bertha un-terrichtet, die ihre Ausbildung zur Er-zieherin am Katharinenstift in Stuttgart krankheitsbedingt nicht abschließen konnte. Nebenbei beschäftigte sich Em-ma weiterhin mit Musik und Zeichnen.

Auffallend ist, dass nach der Niederlas-sung Eduard Mörikes 1844 in Mergent-heim in dessen Briefen und Haushal-tungsbuch neben Emmas Mutter vor al-lem Schwester Bertha Erwähnung fin-den. So ist es denkbar, dass Emma Bau-er von 1844 bis 1848 nicht ständig in Mergentheim weilte. Nachweisbar ist bis jetzt nur, dass sie sich 1847 des Öfteren in Aalen aufhielt, wo ihr Bruder Her-

Wachbach.

mann inzwischen zweiter Stadtpfarrer geworden war.

Durch Vermittlung der Schwägerin So-phie Friederike Bauer (Aalen) wurde Emma Bauer im Herbst 1848 eine Stelle als Gouvernante in England angeboten. Sie trat deshalb in der zweiten Dezem-berhälfte 1848 die Reise nach England an und besuchte unterwegs ihre Schwes-ter Marie in Neuwied, die dort als Leh-rerin an einem Töchterinstitut tätig war und ihr 1852 für einige Zeit nach Eng-land folgte. Nach den Stammbuch-Ein-trägen und später veröffentlichten Erin-nerungen ihrer Schwester Marie wirkte Emma Bauer zunächst bis 1853/54 bei der Pfarrerfamilie Hopkinson in Alwal-ton bei Peterborough (Südostengland). Mit dieser Familie unterhielt sie nach

Eintrag von Ottmar F. H. Schönhuth, der zu dieser Zeit in Wachbach bei Mergent-heim als Pfarrer wirkte.

ihrer Rückkehr noch jahrzehntelang freundschaftliche Kontakte. Nach 1853 trat sie eine Stelle in der Grafschaft Derby (Mittelengland) in der Familie eines Kammerherrn der Queen Victoria an.

Zur Hochzeit ihres Bruders Bernhard, der in Enslingen bei Schwäbisch Hall seine erste Pfarrstelle innehatte, besuchte sie ihre Heimat. Der letzte in England datierte Stammbuch-Eintrag mit einem Blatt vom Windsor Park ist vom 19. Juli 1856. Wann Emma Bauer ihre Tätigkeit in England beendet hat, ist nicht bekannt. Vielleicht könnte es schon im Sommer 1856 gewesen sein, denn auf der vorletzten Seite ihres Albums findet sich am 6. Juli 1856 das Gedicht »Farewell – And now the time has come to bid adieu ...«. Im August 1858 taucht dann eine Widmung aus Mergentheim auf, der weitere folgen.

In Emmas Elternhaus in der Krametsgasse, das manch' illustre Gäste gesehen hatte, war es nach 1855 stiller geworden. Ihre Mutter war zwar nach Bernhards Heirat von Enslingen wieder nach Mergentheim gezogen, doch Schwester Bertha und die beiden Tanten Sophie und Wilhelmine waren gestorben. Und Eduard Mörike, der gerne den Bauerschen Garten aufgesucht hatte, lebte mit Frau Margarethe und Schwester Klara seit 1851 in Stuttgart.

Doch der freundschaftliche Kontakt blieb erhalten. Auch holten sich die Geschwister Bernhard, Emma und Marie Bauer immer wieder Mörikes Rat für schriftstellerische Arbeiten. Im Januar 1865 sandte Eduard Mörike an die Schwestern Emma und Marie Bauer sein kleines Gedicht »Hab' ich aus dem eignen Garten« zusammen mit dem Büchlein »Blumen aus der Fremde«.

Für ein Gesuch um Unterstützung aus der Staatsrat-von-Ludwigschen-Stiftung erteilte der Mergentheimer Stadtrat im September 1866 Emma und Marie Bauer folgendes Zeugnis: »... Sie sind die Töchter des am 20. Febr. 1838 dahier verstorbenen Oberamtsarztes Dr. Bauer. ... Das Einkommen ihrer im 79-ten Lebensjahr stehenden Mutter würde nicht zu deren vollständigen Unterhalt zureichen, wenn dieselbe nicht durch den ziemlich geringen Verdienst der Hände Arbeit ihrer Töchter Unterstützung hätte. Beiden Töchtern steht ein musterhaftes Prädikat zur Seite, sie sind einer Unterstützung würdig und bedürftig.«

Nachdem um 1863 das Haus in der Krametsgasse verkauft worden und 1866 Schwägerin Renate Bauer verstorben war, zog Frau Bauer 1868 mit den Töchtern Emma und Marie nach Weinsberg, um der Familie ihres Sohnes Hermann näher zu sein. Hermann Bauer wirkte seit einigen Jahren als Dekan in Weinsberg. Ende Januar 1872 starb Frau Bauer und vier Monate später ihr Sohn Hermann. Marie und Emma ließen sich nun in Heilbronn nieder und verdienten ihren Unterhalt mit schriftstellerischen Arbeiten, Übersetzungen und Privatunterricht. Da ihre verwitwete Schwägerin Sophie Friederike Bauer mit ihren Töchtern inzwischen von Weinsberg nach Cannstatt gezogen war, entschlossen sich Marie und Emma Bauer im Mai 1882 nach Cannstatt zu folgen.

Im Dezember 1896 starb Emma Bauer nach siebenjähriger Krankheit. Marie Bauer, die ihre Schwester gepflegt hatte, überlebte sie um 14 Jahre und veröffentlichte noch 1903 Gedichte und Briefe Eduard Mörikes an seine Braut Margarethe Speeth.

Die Eintragungen im Stammbuch

Das Stammbuch, in dunklem Leder gebunden, trägt die Aufschrift »Album« und zählt ca. 150 Seiten. Viele Eintragungen sind Abschriften von Denksprüchen, Segenswünschen, Rätseln sowie Gedichten: u. a. von Goethe, Heine, Kerner, Lenau, Mörike, Rückert, Schiller, Uhland und einigen französischen und englischen Autoren; sie werden immer wieder ergänzt durch eine Original-Zeichnung, einen Stich, ein getrocknetes Blatt etc. Unter den erwähnten Abschriften finden sich beispielsweise die Gedichte: »An seine Spröde« (Goethe), »Ich weiß nicht, was soll es bedeuten« (Heine), »Er ist's«, »Der Tambour«, »Pastoralerfahrung«, »Restauration« (Mörike), »Der Pilgrim« (Schiller), »Münstersage« (Uhland) und die Ballade von William Cowper »John Gilpin«, aus dem Englischen übersetzt von Emma Bauers Bruder Hermann. Manche Autoren werden in den Abschriften nicht genannt; so bei dem Gedicht »Die Erscheinung im Kaffeesaale – Parodie auf das Mädchen aus der Fremde von Schiller«. Auch sind nicht alle diese Abschriften mit einer Widmung aus dem Verwandten- bzw. Freundeskreis versehen, wie z.B. das Heine-Gedicht

Das Fräulein stand am Meere
Und seufzte lang und bang,
Es rührte sie so sehre
Der Sonnenuntergang.

Mein Fräulein! Sein Sie munter,
Das ist ein altes Stück;
Hier vorne geht sie unter
Und kehrt von hinten zurück.

Nur knapp 60 Eintragungen sind datiert und signiert, jedoch nicht chronologisch geordnet. Der erste datierte Eintrag erfolgte in Mergentheim im Mai 1845, der letzte in Weinsberg im April 1872.

73

Im Jahr 1845 haben sich vor allem Emma Bauers Schulfreundinnen, Töchter aus Mergentheimer Beamtenfamilien, eingetragen: Emilie und Sophie Bühler (Töchter des Oberzollverwalters Bühler), Fanny und Thusnelda König (Töchter des pensionierten Rentamtmanns König), Karoline und Natalie Krauß (Töchter des Verwaltungsaktuars Krauß), Marie Krauß (Tochter des Oberamtsarztes Dr. Krauß), Thekla Lutz (Tochter des Oberamtspflegers Lutz) und Mathilde Schlotterbeck (Tochter des Kameralverwalters Schlotterbeck). Unter dem 20. Juni 1845 trug sich auch Freundin »Caroline de Diemar« ins Album ein (Tochter des Freiherrn Georg von Diemar und Enkelin des langjährigen Freundes von Goethe und Diplomaten Karl Friedrich Graf von Reinhard). Caroline hatte sich vom 10. bis 12. Lebensjahr bei besagtem Großvater in Paris aufgehalten. Sie wählte, neben einem französischen Gedicht und einem von Chamisso, aus Heines »Buch der Lieder«:

Antangs wollt ich fast verzagen,
Und ich glaubt, ich trüg es nie;
Und ich hab es doch getragen –
Aber fragt mich nur nicht, wie?

In die Anfangszeit des Stammbuchs fallen auch Widmungen aus dem Verwandten- und Freundeskreis in Aalen,
Ellwangen, Heilbronn und Heidelberg. Ab Herbst 1848 beziehen sich die Eintragungen auf Emma Bauers bevorstehende Reise nach England. Unter dem 14. Dezember 1848 sind die guten Wünsche von Emmas Mutter Karoline Bauer zu lesen: »Eine feste Burg ist unser Gott! Der Gerechte läuft dahin und wird beschirmt. ... Gott sey mit dir auf dieser weiten Reise, und im fremden Lande. Er gebe dir Gesundheit und Zufriedenheit, dieß ist das tägliche Gebet deiner treuen Mutter.«

Emmas Bruder Bernhard (ehem. Burschenschafter) trug unter der Überschrift »Lieder meines Herzens oder Worte ohne Gedanken« die Gedichte: »Die Liebe«, »Der Schmerz«, »Die Verzweiflung«, »Das Ende« ein. Und darunter setzte er die Zeilen:

Adieu meine Schwester,
Ich bleibe dein Bester!
Und niemals, niemals vergesse mich!
Das würd' mich verdrießen –
Und siehst du den Metternich,
So thu' Ihn schön grüßen.

Dein Bernhard B.

(Anmerkung: Der österreichische Staatskanzler Fürst von Metternich musste bei Ausbruch der 1848er Revolution zurücktreten und floh nach England.)

Zu einem weiteren Gedicht auf der nächsten Seite:

O siehe dieses Möbelstück, …
Und ist dein Herz dir gar so schwer,
Setz dich auf dieses Sofa her.
Und stütz dein Köpfchen in die Hand,
Und denke an das ferne Land. …

zeichnete Bernhard die am Kachelofen lesende Mutter, ein großes Sofa und die an einem Tischchen nähende Schwester Bertha.

Weitere Familienmitglieder wie die Tanten Renate Bauer und Sophie Bach hatten sich schon vor 1848 in das Album eingetragen, vermutlich auch Emmas Schwester Marie. Ein kleines liebevoll gemaltes Aquarell, das bunte Blütenzweige darstellt, erinnert gleich zu Anfang des Buches zusätzlich an Emmas Tante Sophie. Es ist mit »S.B.« signiert und trägt den späteren Zusatz am Blattrand »Sophie Bauer ux Bach«.

Aus dem Mergentheimer Freundeskreis der Familie sind Widmungen u.a. zu lesen von dem pensionierten Oberamtsrichter Friedrich von Pfizer und seiner Frau Louise sowie von Stadtpfarrer Karl E. Albert Wüst und Frau Marie Karoline. Eduard Mörike schrieb sein eingangs erwähntes Gedicht ins Stammbuch:

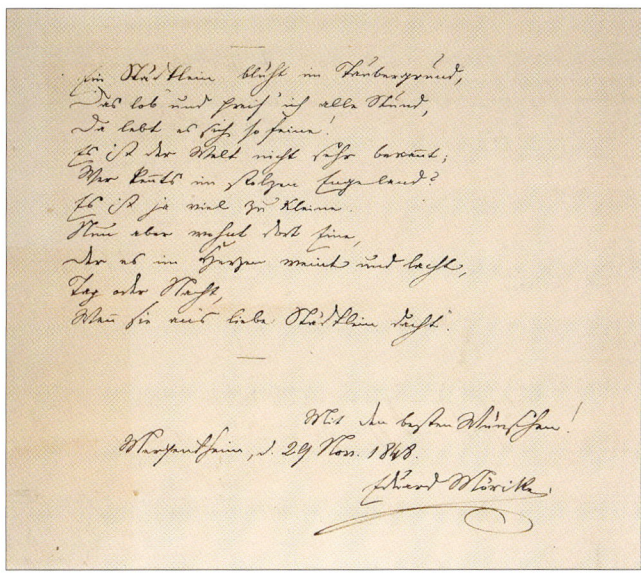

Ein Städtlein blüht im Taubergrund,
Das lob' und preis' ich alle Stund,
Da lebt es sich so feine!
Es ist der Welt nicht sehr bekannt;
Wer kennts im stolzen Engeland?
Es ist ja viel zu kleine.
Nun aber wohnt dort Eine,
Der es im Herzen weint und lacht,
Tag oder Nacht,
Wenn sie ans liebe Städtlein dacht'.

Mit den besten Wünschen!
Mergentheim, d. 29. Nov. 1848
Eduard Mörike

Mörikes Urschrift des Gedichts »Ein Städtlein blüht im Taubergrund«, 1848

An Fräulein Emma Bauer bei ihrer Abreise nach England (29. November 1848)

Später wurde auf der gegenüberliegenden Albumseite ein Porträt von Mörike hinzugefügt, das ihn nach einer Fotografie aus dem Jahre 1864 zeigt. Nachfolgend finden sich auf einer Seite vereint die Eintragungen von Klara Mörike, sowie von Margarethe Speeth und ihrer Mutter Josephine Speeth.
Klara Mörike wählte zu ihren Zeilen eine Liedstrophe aus »Wilhelm Meisters Wanderjahre (3. Buch)« von Goethe:

> Bleibe nicht am Boden heften,
> Frisch gewagt und frisch hinaus!
> Kopf und Arm mit heitern Kräften,
> Überall sind sie zu Haus;
> Wo wir uns der Sonne freuen,
> Sind wir jede Sorge los;
> Daß wir uns in ihr zerstreuen,
> Darum ist die Welt so groß. (Göthe)

> Gedenken Sie liebe Emma in der weiten Ferne auch zu weilen freundlich Ihrer Sie herzlich liebenden Clara Mörike.
> Mergentheim, d. 29sten Nov. 1848.

Und Margarethe Speeth, Mörikes spätere Frau, trug sich mit nachstehendem Gebet ein:

> In Ihm sey's begonnen,
> Der Monde und Sonnen
> An blauen Gezelten
> Des Himmels bewegt.

> Du, Vater, Du rathe!
> Lenke Du und wende!
> Herr, Dir in die Hände
> Sey Anfang und Ende,
> Sey Alles gelegt!

> Mit herzlichster Liebe
> Dein Gretchen.

Das abgeschriebene Gedicht »Napoleon [II.] am Grabe seines Vaters oder des Hauses letzte Stunde« von »Sophie« könnte aus der Feder von Sophie Freifrau von Diemar (Mutter der bereits erwähnten Caroline von Diemar) stammen, die gerne dichtete und in ihrer ereignisreichen Jugend Napoleon I. in Paris gesehen hat. In ihrer späteren Mergentheimer Zeit gehörte sie auch zum Freundeskreis der Familie Bauer.

Zu diesem Kreis zählte ferner Ottmar F. H. Schönhuth, Pfarrer, Historiker und Schriftsteller in Wachbach. Er war erst von einer Rheinreise mit Freunden zurückgekehrt und widmete Emma Bauer am 14. Dezember 1848, auf einem besonderen Briefbogen mit einer Ansicht von Wachbach um 1835, sein Gedicht:

> Ich möcht' ein Vöglein seyn / Möcht' in der freien Luft mich freudig wiegen, / Möcht' mit der lieben Freundin als treuer Führer fliegen / Nach dem schönen schönen Rhein ...

Dear home of my youth! I may see thee no more,
But Memory treasures the bright days of yore!
And my heart's latest wish, the last sigh of my breast
Shall be given to thee! may'st thou ever be blest!

Alwalton. April 1851

In die Zeit von Emma Bauers England-Aufenthalt fallen über zwanzig Eintragungen, meist in englischer Sprache. Darunter finden sich Widmungen aus der Pfarrerfamilie Hopkinson in Alwalton, bei der Emma zunächst als Erzieherin gearbeitet hat, aber auch wieder unsignierte Gedichtabschriften wie das Gedicht »Night« von James Montgomery. Etliche Zeichnungen, z. B. das Pfarrhaus in Alwalton, und Druckgrafiken vom Glaspalast der Weltausstellung 1851 in London, von Schloss Windsor, vom Seebad Brighton, von der Kathedrale in Peterborough etc. illustrieren diese Albumseiten.

Zwischen diesen Abbildungen taucht eine Zeichnung von der Gartenseite des Elternhauses in Mergentheim auf mit dem darunterstehenden Gedicht:

Dear home of my youth! I may see
thee no more,
But memory treasures the bright days
of yore! ...
Alwalton, April 1851

Wohnhaus der Familie Bauer
(heute Krametsgässle) in Mergentheim, von der Gartenseite
Bleistiftzeichnung, um 1850

(ohne Abb.)
Gedicht von Emma Bauer an E. Mörike, mit einer Erwiderung, 19.1.1865

Leihgabe Verein Deutschordens-museum e.V.

Folgendes (ironisches) Gedicht schickte Emma Bauer, die Tochter des Mergentheimer Arztes, anlässlich einer Ordensverleihung an Mörike:
Brauchte Phönix sich zu schmücken
Einst mit fremder Federn Kraft?
Kann die Nachtigall entzücken
Erst wenn man's ihr vorgemacht?
Mischt die ächte deutsche Leier
Fremde Töne Ihrem Klang?
Deutscher Dichter! Brauchst du Feuer
Anderer Herren zum Anfang?
Nimmer reicht so weit mein Glaube
Wenn's auch hier geschrieben steht!
Statt des »Nachbars Früchte« raube
Kleinsten »Rettig« deinem Beet!

Erwiderung von Mörike:
Hab ich aus dem eignen Garten
Nichts an Früchten aufzuwarten,
Hinter meines Nachbars Hecken
Gibt es, die wohl besser schmecken.

Doch Emma Bauer kehrte nach acht oder neun Jahren zurück und sah ihr Elternhaus wieder. In ihr Album erfolgten noch einige Widmungen; die letzte ist vom 3. April 1872 datiert und stammt von ihrer Freundin Christiane Käpplinger in Weinsberg.

Abschließend sei vermerkt: Die vielen und breitgefächerten Eintragungen über einen Zeitraum von fast dreißig Jahren, bereichert durch Emma Bauers Aufenthalt in England und die zahlreichen Abbildungen – hier sei noch ein Porträt von Kronprinzessin Olga erwähnt, die im September 1846 mit Kronprinz Karl von Württemberg Mergentheim besuchte – werfen interessante Streiflichter auf

Albumseite mit handschriftlichen Einträgen und einer eingeklebten Lithografie von Schillers Geburtshaus in Marbach, 1838

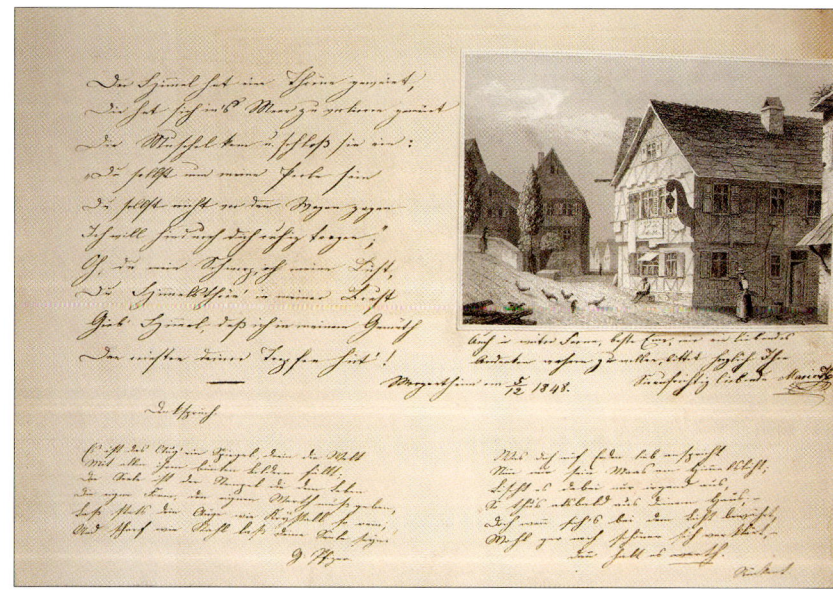

die Mitte des 19. Jahrhunderts; sie geben aber auch einen »Auszug« aus dem Leben einer Mergentheimerin.

Die Besucher des Mörike-Kabinetts können das Stammbuch von Emma Bauer in einer (Schubladen-)Vitrine sehen und die aufgeschlagene Seite mit der Widmung von Eduard Mörike in Augenschein nehmen. Zwei Jahre vor dieser Widmung für Emma Bauer verfasste Mörike in Mergentheim für einen Geburtstag das nachstehende Gedicht:

»Zur Eröffnung eines Albums«
Ein Album! Schneeweiß Pergamentpapier,
Und Schnitt und Decke schön verziert mit Golde!
Nicht wahr, wenn sich's nur nicht so langsam füllen sollte,
Mit Sprüchen, Bildern, hundertfacher Zier?
Zur Hälfte wenigstens säh' man es gar zu gern
Schon ausstaffiert, geistreich, von Damenhänden,
Und, hätten sie was Kluges drein zu spenden,
Zur Not wohl auch von dem und jenem Herrn.

Geduld, mein Kind! Es blicken diese Blätter
Dich heut wie deine künft'gen Jahre an;
Die Muse weiht den ausgeworfenen Plan –
Wie er sich fülle, wissen nur die Götter!
Auch wird dies Buch von einem vollen Leben
Zuletzt doch nur ein schöner Auszug eben,
Und wie viel Holdes auf den Seiten steht,
Von Lieb' und Freundschaft, sonnenhellen Tagen:
Was unsichtbar dazwischen geht,
Ist köstlicher, als was die Blätter sagen.

Mörike-Ausgaben
vor 1844 und nach 1851

Beschauliches und Erbauliches. Ein Familien-Bilderbuch von Ludwig Richter

In diesem Buch erschien das Gedicht »Der alte Turmhahn« zum zweiten Mal, diesmal mit den Illustrationen von Ludwig Richter. Das Gedicht war erstmals 1852 erschienen.

Georg Wigands Verlag, Leipzig 1857; Leihgabe Verein Deutschordensmuseum, Inv. Nr. 1999

rechts:
**Titelblatt zu
»Der alte Turmhahn«**

Reihe unten:
**Illustrationen von
Ludwig Richter**

(ohne Abb.)

Maler Nolten. Roman von Eduard Mörike

Dieses Buch, erstmals 1832 erschienen, ist der einzige Roman von Eduard Mörike und sein umfangreichstes poetisches Werk.

Zweite überarbeitete Auflage, Erster Band.
Erschienen bei G. J. Göschen'sche Verlagshandlung, Stuttgart 1877;
Leihgabe Verein Deutschordensmuseum e.V.

Classische Blumenlese.
Herausgegeben von Eduard Mörike

Untertitel: Eine Auswahl von Hymnen, Oden, Liedern, Elegien, Idyllen, Gnomen und Epigrammen der Griechen und Römer.
Mörike stellte zusammen und überarbeitete vorhandene Übersetzungen.

E. Schweizerbart'sche Verlagshandlung, Stuttgart 1840; Inv. Nr. 3003

Vier Erzählungen

Enthält: Der Schatz (erstmals erschienen 1836), Lucie Gelmeroth (erschienen erstmals 1833), Der Bauer und sein Sohn (entstanden 1838 als Auftragsarbeit), Die Hand der Jezerte (erstmals erschienen 1853)

E. Schweizerbart'sche Verlagshandlung, Stuttgart 1856;
Leihgabe Schiller Nationalmuseum Marbach, Inv. Nr. 2004/1376

Theokritos, Bion und Moschos

Mörike befasste sich mit griechischer und lateinischer Literatur. Aus dieser Beschäftigung heraus entstanden mehrere Übersetzungswerke: Classische Blumenlese, Anakreon und die sogenannten anakreontischen Lieder und Theokritos, Bion und Moschos. Letztere Übersetzung begann er bereits 1851, wohl um Geld zu verdienen. Mörike übersetzte hier 30 Idyllen des Theokrit.

Deutsch im Versmaße der Urschrift von Dr. E. Mörike und F. Notter,
Hoffmann'sche Verlags-Buchhandlung, Stuttgart 1855;
Leihgabe Schiller Nationalmuseum Marbach, Inv. Nr. 2004/1377

Anakreon und die sogenannten
Anakreontischen Lieder

Mörike übersetzte anhand des griechischen Originaltextes und übernahm teilweise Wendungen aus früheren Übersetzungen. Mörike verfasste auch die Erläuterung. Er erwies sich hier als sorgfältiger Philologe.

Revision und Ergänzung der J. Fr. Degen'schen Übersetzung, Krais &
Hoffmann, Stuttgart 1864; Leihgabe Schiller Nationalmuseum Marbach,
Inv. Nr. 2004/1378

Vertonung von Gedichten von Hugo Wolf

Die Vertonungen von Gedichten Eduard Mörikes, vorgenommen von Hugo Wolf, erschienen erstmals 1888. Wolfs Vertonungen trugen maßgeblich zur Wiederentdeckung von Mörikes Werk um 1900 bei.

Leipzig 1926; Leihgabe Roland Kroneisen, Inv. Nr. 2004/1397

Eduard Mörike, Historie von der schönen Lau, 1919
Bilder und Buchschmuck von Erich Schütz

Artur Wolf Verlag, Wien u. Leipzig 1919, 4. Aufl. 1922; Leihgabe Roland Kroneisen, Inv. Nr. 2004/1406

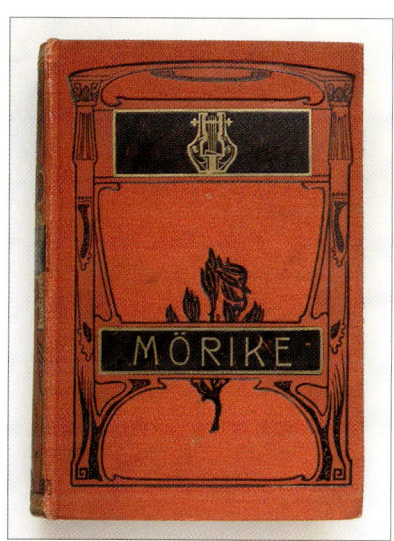 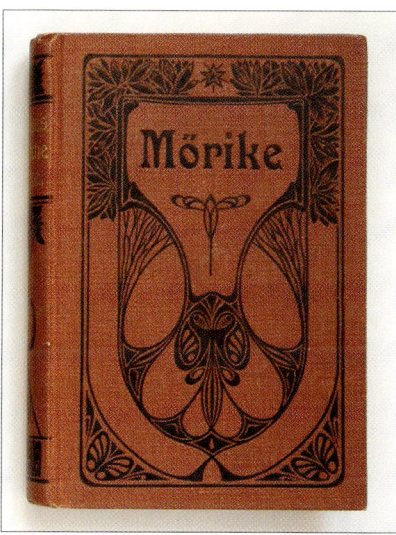

Eduard Mörikes sämtliche Werke
Mit einer auf Grund selbständiger Forschungen verfassten neuen Bearbeitung des Romans »Maler Nolten«

Bd. 1 von vier Büchern, hg. von Walter Heichen, Stuttgart u. Berlin o. J. (um 1910); Leihgabe Roland Kroneisen, Inv. Nr. 2004/1407

Eduard Mörikes Sämtliche Werke
In zwei Bänden. Herausgegeben von Edmund von Sallwürk. Leipzig o. J. (um 1910), Geschenk Eva Maria Schmitt, Weikersheim; Inv. Nr. 2004/1399

Mörikes Tun neben dem Schreiben

(Abb. rechts)
»Einige Petrefacten des Muschelkalks bei Hall, Mergentheim & c.«
Federzeichnung um 1844/45 von E. Mörike, Original im Literaturarchiv Marbach

Mörike sammelte Versteinerungen.
Er kannte den aktuellen Stand der Paläontologie.
In den Steinbrüchen von Schwäbisch Hall und
Mergentheim (Trillberg) suchte er nach Petrefakten,
die er systematisch ordnete, verglich, klassifizierte.
Unterm Dach des Wohnhauses am Marktplatz
hatte Mörike eine Steinkammer eingerichtet.

Er brach oft zu Wanderungen im Taubergrund auf.
Häufig aufgesuchte Ziele waren Wermutshausen,
wo der Freund Hartlaub wohnte,
und die Bergkirche Laudenbach, ein Wallfahrtsort.

Versteinerungen, Fossilien, Petrefakten
Mörike sammelte in den Steinbrüchen von Schwäbisch Hall und Mergentheim (Trillberg) Versteinerungen. Diesem Zeitvertreib widmete er viel Aufmerksamkeit. Zusätzlich fertigte er Zeichnungen an. Die gefundenen Stücke wurden beschriftet, geordnet, klassifiziert. Mörike tauschte sich mit den Kapazitäten seiner Zeit aus. Anregungen bot auch das naturkundliche Kabinett des Herzogs Paul Wilhelm von Württemberg im Schloss.
Leihgabe Schiller Nationalmuseum Marbach, Inv. Nr. 2004/1385 a-f

Mörike wurde Mitglied des Mergentheimer Museums,
einer Art Kulturverein und Lesezirkel.
1847 beteiligte er sich an der Gründung des
Historischen Vereins für Württembergisch Franken,
der auf Betreiben von Ottmar Schönhuth entstand.

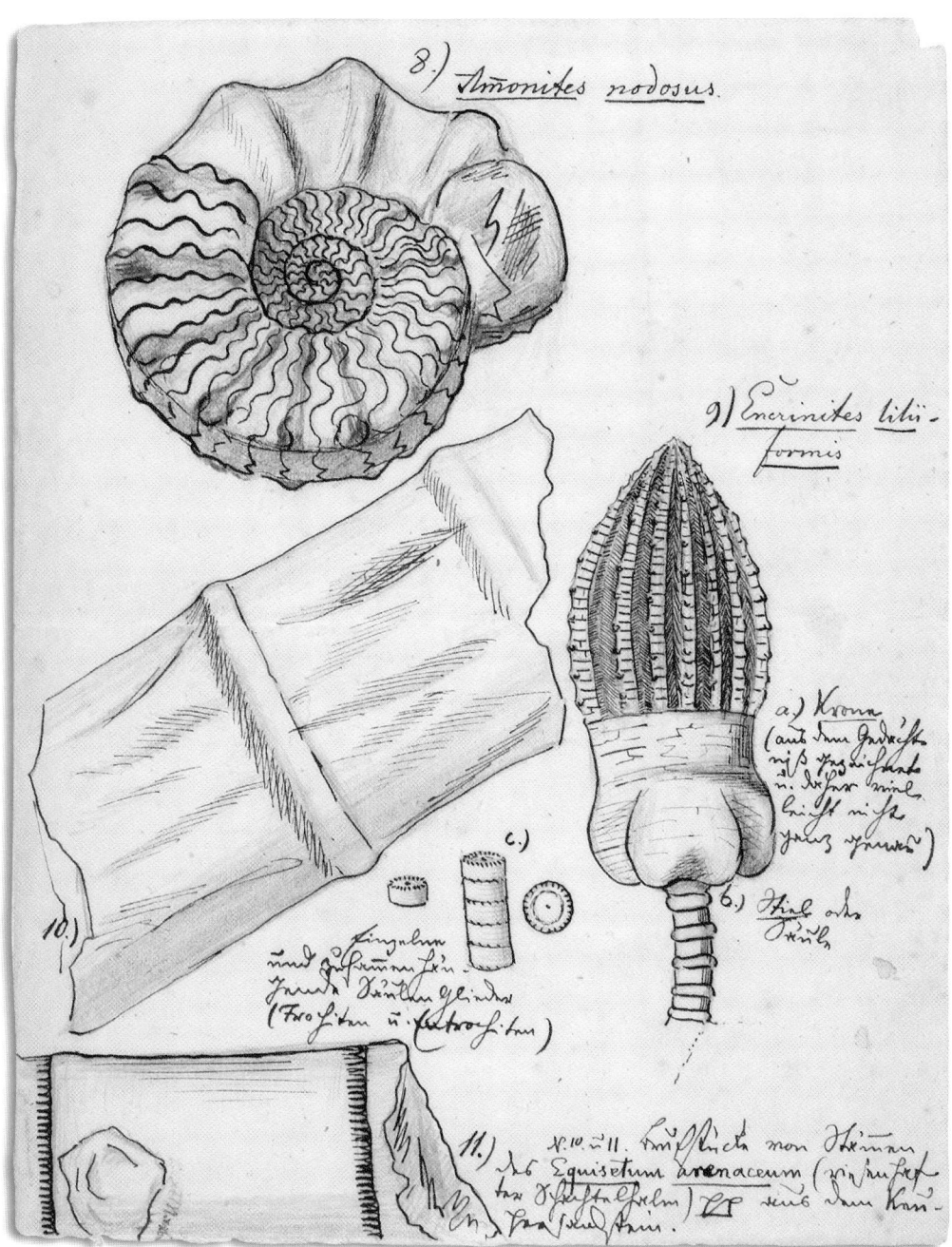

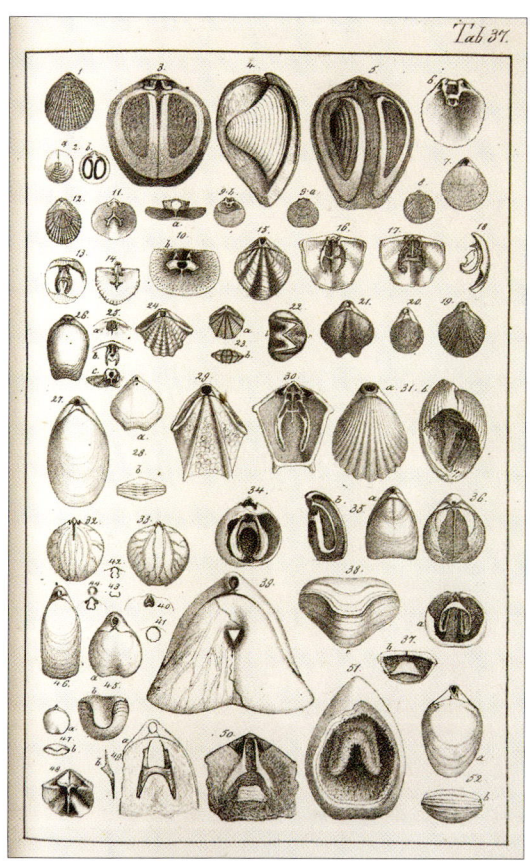

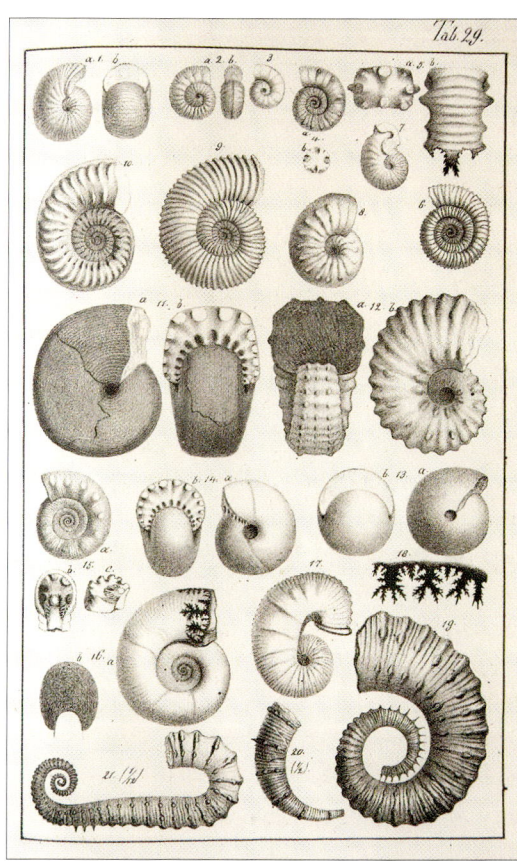

Friedrich August Quenstedt (1809-1889), Handbuch der Petrefaktenkunde

Quenstedt war Professor der Geologie in Tübingen. Mörike besaß sein Handbuch zur Bestimmung seiner Funde. Er hatte außerdem Briefkontakt zu Quenstedt.

2 Bde., Tübingen 1852; Leihgabe Schiller Nationalmuseum Marbach, Inv. Nr. 2004/1383

Sogenannter Lügenstein

In Würzburg stellten Studenten gefälschte Versteinerungen her, um ihren Professor zu täuschen. Mörike wollte solche Steine aus der Sammlung des Dr. Beringer in Würzburg. Marie Bauer berichtet, dass sie Mörike drei davon besorgen sollte und Mörike dafür das Gedicht »Die Quittung« als Autograf für Beringer schrieb. In Mörikes Nachlass finden sich einige solche Lügensteine. Quittung:

»Unterzeichneter bezeugt hiermit pflichtlich, / Aus Herrn Beringers Cabinet ganz richtig / Drei Stück Petrefacta: Den Tausendfuß, / den Palaeoniscus dubius, / Wie auch ein sehr rar seltsam Object, / Deß Art und Natur noch nicht entdeckt / (Etwan Kropf und Bürzel von Noä Raben), / Durch Fräulein Bauer mit Ach und Krach / Vom Herrn Curator erhalten zu haben; / Wofür von gedachtem schönen Kind / Drei Küsse bezahlt worden sind, / Die ich mit Zinsen verbindlich / Mündlich / Ohn' alle Gefährde / Wieder erstatten werde.

Leihgabe Schiller Nationalmuseum Marbach, Inv. Nr. 2004/1386

86

Margarethe Mörike
und Mergentheim

1874 zog Margarethe Mörike nach der Trennung
mit Tochter Fanny nach Mergentheim.
Marie blieb beim Vater und dessen Schwester Klara.

1875, als Mörike bereits todkrank war,
versöhnten sich Margarethe und Eduard.
Nach Mörikes Tod kam die Tochter Marie nach Mergentheim.
Sie starb 1876 mit 19 Jahren an Schwindsucht und
liegt auf dem alten Mergentheimer Friedhof begraben.

Margarethe zog 1888 zur Tochter Fanny nach Neu-Ulm, wo sie 1903 starb.

Die Tochter Fanny Hildebrand übergab 1904
das Haushaltungsbuch als Geschenk
an die Städtische Altertumssammlung in Mergentheim,
dem Vorläufer des Deutschordensmuseums.

**Margarethe Mörike,
um 1875**
Fotografie, Literaturarchiv Marbach

(ohne Abb.)

Brief von Margarethe Mörike über den Tod der Tochter Marie 1876,

Mergentheim den 27. Feb. 1877

»… Und nun liebe Camilla, soll ich Dir erzählen von unserem guten Marile! Von ihrem schweren Leiden, großem Dulden, und unermeßlich bitterem Sterben – wie vermag ich es, da schon die leise Erinnerung an ihr Martyrerthum mir das Herz beben und die Augen dunkel macht! … wie sie bis zum letzten Tage mit Angst und Kum(mer) sich noch an die Hoffnung anklam(m)erte, und als in den letzten Stunden der Tod mit Erstickungsanfällen sich unerbittlich der holden Dulderin nahte sie noch uns um Hilfe anflehte! – wie dieses dan(n) in seufzen überging, dan(n) in stöhnen, und mit offenen ungebrochenen Augen und mit völligem klarsten Bewußtsein sich ihre Todesnoth im(mer) steigerte bis endlich alles schwächer und leiser wurde – und ihr letzter Hauch sanft und unhörbar entschwand, und ich das entseelte starre Herzenskind aus meinem Arm auf das Bett zurücklegte!!! …«

Leihgabe aus Privatbesitz, Inv. Nr. 2004/1393

Andenken an Mörike

Am 4. Juni 1875 stirbt Eduard Mörike in Stuttgart.

Teller mit einem Gedicht Mörikes »Die schöne Buche«

Eingeschlossen mit Dir
in diesem sonnigen Zauber-
Gürtel, oh Einsamkeit fühlt ich
und dachte nur an Dich!

Ludwigsburger Porzellan 2004; Leihgabe Manufaktur Ludwigsburg, Inv. Nr. 2004/1360

Mörike-Andenken: Tasse, 1980er Jahre

Porzellan-Manufaktur Fürstenberg; Geschenk Hertha Grieffenhagen, Inv. Nr. 2003/1400

Karton der Schnupftabakfabrik Lotzbeck, um 1920

Die Gelegenheitsverse sind in Mergentheim, nach 1845,
entstanden (Hinweis von A. Bergold).

Geschenk Familie Schönhuth, Inv. Nr. 2004/1401

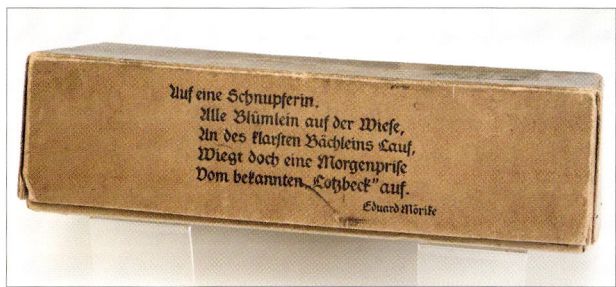

Mörike-Denkmal in Stuttgart

Das Denkmal wurde 1880 in der sogenannten Mörike-
Anlage enthüllt auf Anregung von Friedrich Theodor
Vischer. Die Büste wurde von Wilhelm Rösch geschaf-
fen, der Sockel von dem Architekten Recke.
Die Muse Euterpe verkörpert die Allegorie der Lyrik.
Der Entwurf des Denkmals stammt von Mörike selbst.
Der Dichter wird als empfindsamer Stimmungs- und
Naturlyriker dargestellt.

Fotografie, um 1900; Leihgabe Stadt Bad Mergentheim, Inv. Nr. 1440

Heidi Deeg

Oberpostmeister erwirbt Mörike-Schatz

Zur Entstehung der Mörike-Sammlungen im Deutschordensmuseum

»Sie können kommen – der Tisch ist reich gedeckt!«, verkündete stolz in den Mergentheimer Heimatblättern im Herbst des Jahres 1932 Karl Fleck, Oberpostmeister a. D. und Pfleger des Bezirksheimatmuseums im hiesigen Schloss. Mit »Sie« meinte er die vielen Mörikeverehrer unter den Mergentheimer Sommergästen. Besonders diese wollte er in der nächsten Museums-Saison mit neuen Exponaten auf einem »reich gedeckten Museums-Tisch« erfreuen. Denn Karl Fleck hatte nach Eröffnung der neuen Abteilung »Mörike-Erinnerungen« beobachtet und als rühriger Öffentlichkeitsarbeiter alsbald berichtet: »Unter den Kurgästen finden sich immer ganz leidenschaftliche Mörikefreunde und Forscher. Weniger Interesse aber zeigt die hiesige Bevölkerung an ihrem einstigen Mitbürger.«

Die kritische Anmerkung war nun nicht gerade schmeichelhaft für die Einwohner und man fragt sich, warum die Mergentheimer nichts sonderlich Auf-

regendes an den Tatsachen fanden, dass der Dichter Eduard Mörike von 1844-1851 in der Stadt gelebt hat und seine spätere Ehefrau Margarethe Speeth eine Hiesige gewesen ist. Vermutlich gab es 1932 sogar noch ältere Bürger, die sich an des Dichters Ehefrau leibhaftig erinnern konnten. Schließlich hatten die Mergentheimer einige Jahrzehnte quasi mörikischen Familienanschluss genossen.

Des Dichters Witwe, oft als Frau Professor tituliert, lebte bis ins hohe Alter in der Stadt. Erst 1888 zog die alte Dame zu ihrer Tochter nach Neu-Ulm. Dort starb Margarethe Mörike 1903. Nach ihrem Tod übernahm Tochter Franziska Hildebrand, genannt Fanny, die Erinnerungspflege.

Das Haushaltungsbuch

Fanny stiftete im Jahr 1904 anlässlich der bevorstehenden Feier zum 100. Geburtstag des Vaters das Haushaltungsbuch der Mörikes, welches tiefe Einblicke in die Mergentheimer Jahre gewährt. Das wertvolle Dokument übergab die Tochter damals dem ehrenamtlichen Denkmalpfleger Karl Fleck. Er war es, der auch den Altertumsverein – ein Vorgänger des Museumsvereins – zur Anbringung der bronzenen Gedächtnistafel am ehemaligen Wohnhaus am Marktplatz angeregt hatte.

Ob Tochter Fanny mit dieser noblen Geste im Sinne ihrer nur ein Jahr zuvor verstorbenen Mutter handelte, darf bezweifelt werden. Hatte doch nur wenige Jahre zuvor Gretchen Mörike dem Herausgeber des Dichter-Nachlasses Rudolf Krauß die Veröffentlichung des Haushaltungsbuches untersagt »im Wissen, dass mein Mann durchaus dagegen wäre«. Auch wenn die Zeiten der knappen Kassen längst vorbei sind, wer gewährt schon gern Einblick in seine private Kostenkontrolle? Außerdem war das kleine Haushaltungsbuch mit den reizenden Zeichnungen, kuriosen und humorigen Anmerkungen aus des Dichters Hand für die Witwe ein ganz privates Erinnerungsstück an die vergnüglichen Anfänge ihrer Liebesbeziehung.

Karl Fleck führte das Haushaltungsbuch 1904 der von ihm betreuten Städtischen Altertumssammlung im Rathaus zu. Diese Sammlung bildete dann den Grund-

stock des seit 1930 vom Museumsverein getragenen Bezirksheimatmuseums im Schloss. So ist das Haushaltungsbuch nun schon seit 100 Jahren in unserer Stadt und bis heute in der Sammlung das wertvollste, da einmalige Erinnerungsstück an Eduard Mörike geblieben.

Ausbau der Sammlung

Bis 1928 besuchte das »Dichterkind im Silberhaar« Fanny noch mehrmals die Stadt und das Grab ihrer schon 1876 an Schwindsucht hier verstorbenen Schwester Marie.

Von Franziska Hildebrand erhielt Karl Fleck, der unermüdliche Heimatforscher und Sammler auf vielen Gebieten, noch so manches Erinnerungsstück.

Einweihung der Mörike-Gedenktafel am Marktplatz in Mergentheim, 8.9.1904
Die Tafel wurde am ehemaligen Haus der Familie Speeth angebracht, in dem Mörike die meiste Zeit gewohnt hatte. Die Rede hielt Stadtschultheiß Theodor Klotzbücher anlässlich des 100. Geburtstages des Dichters. 1903 waren Margarethe Mörike und Klara Mörike gestorben. Anlässlich der Feiern des 100. Todestages 1904 schenkte Mörikes Tochter Fanny Hildebrand, geb. Mörike, der Stadt Mergentheim das Haushaltungsbuch der Mörikes.

Fotografie; Leihgabe Verein Deutschordensmuseum e. V., Inv. Nr. 2543

Die Mörike-Sammlung wuchs, da der Museumsverein mehrere Ankäufe tätigte beim Stuttgarter Antiquariat Müller und Gräff, sowie bei Schriftsteller Wolfgang Rath, der sich von seiner Mörike-Sammlung aus finanziellen Gründen trennte. So wendete der Verein in einem einzigen Jahr 600 Reichsmark auf. Ein enormer Betrag, wenn man bedenkt, dass der Mitgliedsbeitrag 2,– RM betrug, jedoch hatte der nur zwei Jahre zuvor gegründete Verein 1932 schon 400 Mitglieder.

Zudem wurde der Bestand an Mörike-Erinnerungen zwischen 1926 und 1934 durch einen Gönner vergrößert, welcher »in liebenswürdiger Munifizenz« mehrmals beachtliche Schenkungen machte. Bei diesem Sponsor handelte es sich um den Berliner Fabrikanten Dr. H. Steup, der als Aufsichtsrat der Bad A. G., damalige Betreibergesellschaft des Heilbades, sich der Kurstadt und dem jungen Museum verbunden fühlte. Unter seinen circa 25 Stiftungen findet sich neben Briefen und Fotos auf einem kleinen Fetzchen Papier auch ein sogenanntes Gelegenheitsgedicht an Emma Bauer, einer Freundin der Geschwister aus den Mergentheimer Jahren.

Ein weiteres Geschenk machte Professor Karl Schumacher. Er kaufte für 200 RM einen Mörike-Brief vom März 1847. Im vierseitigen Brief mit kleiner Skizze einer Reiseroute an das in Bamberg weilende Gretchen schreibt Eduard Mörike im März 1847 von Abschiedsschmerz und von seiner erneuten Wohnungssuche. Bei Familie Speeth bestand zu diesem Zeitpunkt die Absicht, das Haus am Markt zu verkaufen.

Beim Betrachten der Briefe Eduard Mörikes faszinieren das akkurate Schriftbild und die kleinen Formate, die eng von oben bis unten, vom linken bis rechten Rand beschrieben sind. Eduard Mörike sparte am Papier. Entwürfe für Gedichte und Briefe machte er meist auf seiner Schiefertafel. Schreibunterlagen waren für den Dichter aber auch Eierschalen, Birkenrinde, Platanenblätter, Tontöpfe und sogar ein Fensterladen – nur leider haben wir davon nichts in der Mergentheimer Sammlung.

Trotzdem: auf dem »reich gedeckten Tisch« lagen Ende des Jahres 1932 laut Karl Fleck schon 51 Nummern! Die Sammlung umfasste etwa 25 Briefe, einige Originalgedichte, viele Familienfotos, Haarlocke und Kielfeder.

Maike Trentin-Meyer

Mörike sammeln heute

Die Mörike-Sammlung war also besonders bis in die 1930er Jahre gewachsen. In einigen Vitrinen wurde das Vorhandene präsentiert, so hielt man es auch bei der Neueinrichtung des Museums, als es 1996 der Öffentlichkeit übergeben wurde.

Einen großen Zuwachs erfuhren die Mörike-Sammlungen, als seit 2000 an der Planung für ein Mörike-Kabinett gearbeitet wurde. Dem Museum selbst, nun von einem hauptamtlichen Team betrieben, gelangen Ankäufe, z. B. von der zweiten Ausgabe der Gedichte von 1848, die ja in der Mergentheimer Zeit

erschienen waren, aber noch nicht in den Sammlungen vertreten. Um auf Mörikes Umgebung in Mergentheim hinzuweisen, kaufte das Museum die kostbare Ausgabe von Ottmar Friedrich Schönhuths »Die Burgen, Klöster, Kirchen und Kapellen Württembergs und der Preußisch-Hohenzollern'schen Landestheile« von 1860/61. Der Museumsverein erwarb z. B. »Beschauliches und Erbauliches. Ein Familien-Bilderbuch von Ludwig Richter«, in welchem das Gedicht »Der alte Turmhahn« 1852 zum zweiten Mal erschienen war, versehen mit Illustrationen von Ludwig Richter.

Michael Blümel
(geb. 1967 Bad Mergentheim)
e. m. als petrefakten-sammler, 2005
Tusche, laviert

Erworben mit einer Spende von Familie Brombach, Bad Mergentheim

**Michael Blümel
Gruppenbild im
Speeth'schen Haus,
2005**
Tusche, laviert

Erworben mit einer Spende
von Familie Brombach,
Bad Mergentheim

Aus dem Literaturarchiv Marbach, das den Mörike-Nachlass beherbergt, kamen kostbare Ergänzungen, z. B. Versteinerungen, die Mörike in einem Steinbruch am Trillberg bei Mergentheim gesammelt hatte, aber auch ein vom Dichter selbst mit Schnitzereien versehener Bleistift. Die Arbeitsstelle für literarische Museen, Archive und Gedenkstätten konnte seltene Erstausgaben wie »Theokritos, Bion und Moschos« beisteuern, aber auch den »Quenstedt«, das Nachschlagewerk, das Mörike zur Klassifizierung seiner Versteinerungen benutzte.

Auch private Sammler ließen sich von der Idee, Mörike umfassend im Museum zu präsentieren, begeistern. So wurde das Stammbuch der Emma Bauer dem Museum für die Präsentation zur Verfügung gestellt.

Weitere Leihgeber und Spender stellten dem Museum besondere Mörike-Ausgaben als Leihgaben zur Verfügung, z. B. die Vertonung von Mörike-Gedichten durch Hugo Wolf. Eine kuriose Ergänzung war ein alter Karton der Schnupftabakfabrik Lotzbeck, die mit einem Gedicht Mörikes für ihr Produkt wirbt. Hier muss man dankbar für die Aufmerksamkeit auf ein solches Objekt sein. Aber auch die Ludwigsburger Porzellanmanufaktur hat nicht gezögert, ihre 2004 neu herausgebrachten Mörike-Andenken dem Museum zur Verfügung zu stellen.

Alle Erwerbungen tragen dazu bei, Mörike und seine Zeit in Mergentheim anschaulich zu machen. Aber die Zuwendung zu Mörike sollte ja nicht mit der Einrichtung dieses Kabinetts abgeschlossen sein. Die Beschäftigung mit

**Michael Blümel
der mit sich kämpfen-
de e. m., 2005**
Tuschezeichnung

Erworben mit einer Spende
von Familie Brombach,
Bad Mergentheim

**Michael Blümel
Skizzen und Entwürfe
zu Mörikes Novelle
»Mozart auf der Reise
nach Prag«, 9 Blätter
insgesamt, 2005**
Tusche und Aquarell auf
braunem Kuvert-Papier

Erworben mit einer Spende
von Familie Brombach,
Bad Mergentheim

seinen Werken und der Literatur überhaupt sollte in Gang gebracht werden.
So fanden in der Folge viele Veranstaltungen und auch Ausstellungen zu
Mörike und seinen Werken statt. Hier
soll als Beispiel hervorgehoben werden,
dass 2004 ein Abend stattfand, wo die
»Idylle vom Bodensee« vorgestellt und
in Textauszügen rezitiert wurde.

Im folgenden Jahr erarbeitete Hartwig
Behr den Zusammenhang von Hermann
Lenz und Eduard Mörike. Darüber hin-
aus schenkte er dem Museum anläss-

lich dieser Veranstaltung eine Repro-
duktion der Erstausgabe von Mörikes
Gedichten mit einer Einführung von
Hermann Lenz.

Aber auch Sonderausstellungen gaben
wertvolle Impulse für die Sammlungen.
2006 fand eine Studioausstellung statt
von zwei Sammlern, die rund 450 Ausgaben von »Mozart auf der Reise nach
Prag« zusammengetragen hatten. In
verschiedenen Sprachen, mit unterschiedlichen Illustrationen, in unterschiedlichen Formaten, Feldpost- und

Schulausgaben, als Miniaturbuch oder bibliophile Kostbarkeit. Einer der Sammler schenkte dem Museum seine Dubletten, wobei besondere Mörike-Ausgaben in die Bibliothek Eingang fanden. Kurze Zeit darauf konnte das Museum die zweite Ausgabe von »Mozart auf der Reise nach Prag«, 1856, erwerben.

Weitere Impulse erfuhr die Sammlung durch die Ausstellung eines zeitgenössischen Künstlers. 2007 stellte Michael Blümel im Deutschordensmuseum seine Illustrationen und Fantasien zu Mörikes Leben und Werk aus. Durch einen großzügigen Spender war es dem Museum möglich, einige Arbeiten des Künstlers zu erwerben.

In Zukunft soll das Augenmerk besonders auf Objekte gerichtet werden, die mit Mörikes Mergentheimer Zeit in Zusammenhang stehen, aber auch moderne Auseinandersetzungen mit Mörike und seinem Werk sollen die Sammlungen komplettieren.

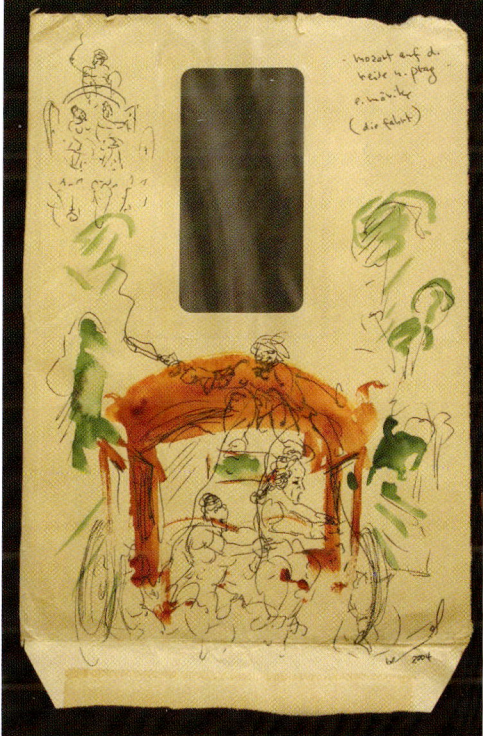

Beiträge des Symposiums

»Mörike in Mergentheim.
Freunde und Zeitgenossen«

am 18. 9. 2004 im Deutschordensmuseum

Adolf Donndorf
(Weimar 1835-1916
Stuttgart)
Eduard Mörike
Gipsbüste, um 1890

Geschenk Tilman Zeller,
Bad Mergentheim,
Inv. Nr. 2004/1380

Christine Schmidt

Ottmar Friedrich Heinrich Schönhuth

Geschichtsschreiber, Volksschriftsteller, Mitbegründer des Historischen Vereins für Württembergisch Franken sowie Pfarrer und seine Beziehungen zu Eduard Mörike

»Es giebt Männer, deren Namen werth ist, dass er der Nachwelt aufbehalten werde, deren Andenken in gewissen Zeiten erneuert zu werden verdient, und wenn ihr Leben auch nicht von der Art ist, dass es welthistorisch genannt werden kann.«[1]

Diese Worte Schönhuths aus seinem Buch über den ersten evangelischen Hofprediger zu Hohentwiel und Mömpelgard, Johann Gayling, könnte man auch über seine eigene Lebensgeschichte setzen.

Ottmar Friedrich Heinrich Schönhuth, der Geschichtsschreiber, Volksschriftsteller und Pfarrer, dessen Name sich nicht in einschlägigen alten Lexika findet, sondern nur im Lexikon der deutschen Dichter und Prosaisten des 19. Jahrhunderts sowie in der Alten Deutschen Biographie.

Wer also war Ottmar Schönhuth? War er doch nur ein unbedeutender Volksschriftsteller im näheren Umkreis oder ein Pionier der Geschichtsschreibung Württembergs für die Jugend?

Ottmar Schönhuth wurde am 6. April 1806 in Sindelfingen als ältestes Kind des Rechtskonsulenten und Tübinger Universitätspflegers Friedrich Heinrich Schönhuth geboren. Als Ottmar 11 Jahre alt war, starb der Vater. Diese bittere Trauer verarbeitete der Junge nur schwer. Ottmar Schönhuth besuchte die Sindelfinger Lateinschule und bestand dort das zu dieser Zeit übliche Landexamen. Auf eine Bittschrift der Mutter an den König bekam er ab 20. Oktober 1820 eine Freistelle im Seminar in Schöntal. Dort lernte er kontinuierliches Arbeiten und hat später davon profitiert. Auch in Tübingen war für ihn keine Stimmung des Studentenlebens aufgekommen. Hier, am Sitz der Musen, lernte er die Dichter Ludwig Uhland,

1) BLB Karlsruhe, 100B 76648RH; Schönhuth, O.F.H.: Johannes Gayling, erster evangelischer Hofprediger zu Hohentwiel und Mömpelgard oder die Reformation in Württemberg, Tuttlingen 1835

Ottmar Schönhuth
Pfarrer, Volksschriftsteller
und Geschichtsschreiber
(1806 Sindelfingen-
1864 Edelfingen)
Fotografie Stoschus, Niederstetten

2) Landeskirchl. Archiv Stuttgart,
Bestand A 27 Nr. 2952,
Personalakte Schönhuth

Die Studenten machten sich eifrig an die Arbeit, nur Ottmar wollte dies nicht recht gelingen. Er nahm das alte Volkslied »Bei nächtlicher Weil an eines Waldes Born« zur Hand, schrieb dazu eine zweite und dritte Strophe und ließ sich von G. Hausmann eine Melodie komponieren und gab es ab. Es verbreitete sich schnell und wurde recht bekannt. Die Freundschaft mit Ludwig Uhland, die er sein ganzes Leben lang pflegte, war für Schönhuth Anregung, sich stärker mit Geschichte, Märchen und Sagen zu beschäftigen, also diese zu sammeln und zu verarbeiten. Dabei ist im Jahr 1827 Schönhuths erstes selbständiges Werk entstanden. Er veröffentlichte »Hugos v. Trimberg auserlesene Fabeln, Erzählungen und Schwänke nebst Sprüchen aus dem Ende des 13. Jahrhunderts«. Dies war kein wissenschaftlich-historisches Werk, sondern eher historische Dichtung, also eine Mischung aus Erzählen und Fabulieren.

Justinus Kerner, Gustav Schwab und Eduard Mörike kennen. Ottmar Schönhuth studierte Theologie, besuchte fast täglich die reiche Universitätsbibliothek und beschäftigte sich ausgiebig mit Geschichte und Philosophie. In Tübingen nahm er an den Vorlesungen und Seminaren des Professors Silcher teil, der seine Studenten in den Ferien ausschickte, um Volkslieder zu sammeln.

Er bestand 1829 mit mäßigem Erfolg die erste theologische Staatsprüfung und in seiner Beurteilung wurde ihm bescheinigt, dass er »eine wenig feste Gesundheit und zarte Gestalt, mäßige Begabung und sehr mäßiges Urteil, aber behände Beredsamkeit, gutes Gedächtnis, vor allem aber eine leserliche Schrift und einen einwandfreien Lebenswandel besitzt.«[2]

Nach dem Studium in Tübingen bekam er eine Stelle als Pfarrvikar in Pliezhausen bei Tübingen. Auch während dieser Tätigkeit besuchte Schönhuth die Vorlesungen von Uhland in Tübingen.

Am 27. September 1830 verließ Ottmar Schönhuth zusammen mit seiner Mutter und einer mittellosen Schwester Pliezhausen und bezog am 1. Oktober seine neue Pfarrstelle in Hohentwiel. Die Gemeinde war klein, sie bestand nur aus 34 Personen und 12 Schulkindern, die er in Deutsch, Latein und Französisch unterrichten musste. Anfangs erschien ihm die Abgeschiedenheit unerträglich, aber bald nutzte er gerade diese Ruhe für seine intensive Beschäftigung mit alten Schriften. Seine Bekanntschaft mit Joseph Freiherrn von Lassberg bestand erst in Botengängen zwischen Lassberg und Uhland, aber er verschaffte sich so auch Eingang in den Lassbergschen Kreis. Ottmar Schönhuth konnte dessen umfangreiche Bibliothek für intensive Studien nutzen, was ihm viele interessante Möglichkeiten und Erkenntnisse eröffnete. Der kaum Dreißigjährige wagte sich an die schwierige Aufgabe der Übertragung des Nibelungenlieds Handschrift C nach umfangreichem Studium der 120 Pergamentblätter heran. Schönhuth betrachtete diese Übertragung der Handschrift als Unterstützung des Unterrichts der Jugend und sagte einmal, das

Nibelungenlied müsse »ein Hauptbuch bei der Erziehung der deutschen Jugend werden«[3]. Das Nibelungenlied von Schönhuth wurde zu damaliger Zeit in Literaturkreisen zwiespältig aufgenommen, aber auch heute noch hat es einen Platz im Lehrplan.

Ein anderer Beitrag zu seiner angedachten Erziehung der deutschen Jugend in volkstümlicher und geschichtlicher Weise war die Gründung der Maienfeste. Für dieses Fest hatte er Verse geschrieben, die mit bekannten Melodien unterlegt und vorgetragen wurden. Doch diese Betätigung brachte ihm abermals Kritik und Denunziation als aufwieglerische Bewegung ein, da das Maienfest als eine Art Hambacher Fest betrachtet wurde. Dabei ging es Schönhuth einzig und allein um die Erziehung und die Beschäftigung der Jugend mit freieren Mitteln. In der Zeit von 1830 bis 1837 hatte er außerdem 19 kleinere Heftchen geschrieben, die eine Mischung aus Geschichte, Sage und Wanderbüchlein sind. Wegen der finanziellen Nöte schickte er schon bald vom Hohentwiel aus Bewerbungen um eine andere Stelle an das Konsistorium, die aber erst 1837 mit der Übertragung der Pfarrstelle in Dörzbach Erfüllung fanden.

3) Borst, Otto: Ottmar F. H. Schönhuth. Historiker, Germanist, Volksschriftsteller, Pfarrer 1806-1864, In: Lebensbilder aus Schwaben und Franken Bd. VII, Stuttgart 1960

Am 14. April 1837 begann seine Pfarrertätigkeit in Dörzbach und am 28. Mai fand die Investitur statt. Patronatsherr von Dörzbach war der Forstmeister Eduard Freiherr von Eyb, den Ottmar Schönhuth während seiner Tätigkeit auf dem Hohentwiel kennenlernte und der ihm zum Freund geworden war. In Dörzbach kam es zu starken Veränderungen im privaten Leben. Seine Schwester heiratete den Krautheimer Apotheker und Ottmar lebte dann mit seiner pflegebedürftigen Mutter allein, was auch für ihn viele Stunden der Einsamkeit bedeutete. Er sah sich selbst nach einer Lebensgefährtin um und fand diese recht schnell in der Tochter des Müllers Barnikel. Schon am 16. September 1838 heiratete er Johanna Christiane, die Tochter des Jagstmüllers Johann Michael Barnikel. Sie nahm von da an die Hausgeschäfte in ihre Hände und diese Aufgabe war nicht immer leicht.

Seine Frau stand ihm bedingungslos in seinem vielbeschäftigten und ruhelosen Leben zur Seite und regelte die häuslichen und finanziellen Angelegenheiten. Die Familie Schönhuth wurde mit zehn Kindern gesegnet, fünf Jungen und fünf Mädchen. Ein Mädchen war recht früh verstorben, so dass er selbst meist von neun Kindern sprach. Der erste Sohn Ottmar wurde am 2. Februar 1840 getauft. Die durch die größere Familie

entstandenen finanziellen »Sorgen wollen mich oft erdrücken«[4], schrieb Schönhuth an seinen Freund, den Baumeister Christian Leins in Stuttgart. In der Dörzbacher Zeit erneuerte er die Bekanntschaft und Freundschaft mit Eduard Mörike, den er bereits vom Studium kannte.

In Dörzbach gründete er das Maienfest, das nach seiner Bestimmung auf dem Tufffelsen über der Kapelle »Wendel zum Stein« abgehalten wurde und das auch heute noch begangen wird. Er fühlte wohl, dass ein Sonnentag dem grauen Alltagstrott seiner Gemeinde gut tun würde. Also zog der Pfarrer mit seinen Schäflein an einem strahlenden Sonnentag zur Felskapelle St. Wendel und feierte mit der Jugend den Frühling in Liedern, Spielen und geselligem Beisammensein. Die Lieder brachte er noch im selben Jahr im Druck heraus. Ottmar Schönhuth setzte in Dörzbach 1837 drei Linden, die heute noch »Schönhuthlinden« heißen. Zwei Jahre später gründete er den Gesangverein »Die Sänger von St. Wendel am Stein«.

Diese Betätigungen bildeten den Anfang seiner kirchlichen Jugenderziehung. Er wollte die Beschäftigung der Jugend mit Büchern und mit Geschichte unterstützen und voranbringen. Schönhuth brachte eine »Württembergische Refor-

4) DLA Marbach A 2048, Brief Schönhuths an Ch. Leins

mationsgeschichte« heraus, er verfasste ein »Denkblatt für meine lieben Confirmanden« und sah seine Schriften immer als »Jugendbücher«.

Bereits nach fünf Jahren hatte er sich um eine andere Pfarrstelle, wieder aus finanziellen Gründen, bemüht.

Wachbach hatte ihn wegen der schönen Kirche, dem interessanten Schloss und der alten Burg angezogen. Ottmar Schönhuth richtete am 12. Mai 1841 eine Bittschrift an das Konsistorium um Übertragung der frei gewordenen Pfarrstelle in Wachbach. Auf dieser Bittschrift ist ein Vermerk des Freiherrn von Adelsheim, dass er sich Schönhuth für diese Stelle wünscht. Daraufhin erteilte das Konsistorium die Nominierung, Ottmar Schönhuth trat die Pfarrstelle im Dezember 1841 an und die Investitur erfolgte im darauf folgenden Februar. Er lud alle Einwohner von Wachbach für den 2. Mai 1843 zum »Maientag« auf der alten Burg ein. Für dieses Maifest schrieb er auch Gedichte und Lieder, die vorgetragen wurden. Diese Gedichte und andere geschichtliche Darstellungen veröffentlichte er in den »Monatsrosen. Blätter aus Franken zur Unterhaltung und Belehrung«. Er gründete in Wachbach den Männerchor »Sänger vom Eichenhaine«, deren Fahnenweihe im gleichen Jahr gefeiert

wurde und woraus sich später der heutige Liederkranz entwickelte.

Er organisierte die Feier zum 800-jährigen Jubiläum der Wachbacher Kirche am 2. März 1847. Ein alter Taufstein, der lange im Schutt lag, wurde aufgestellt und mit einer Taufhandlung geweiht. Dazu verfasste er ein Gedicht mit neun Strophen, welches er vortrug. Er kümmerte sich intensiv um die sozialen Belange seiner Gemeinde und versuchte auch Verbesserungen für die Jugend einzuführen. Ottmar Schönhuth richtete eine Kleinkinderschule für Kinder im Alter von vier bis fünf Jahren ein und gründete eine öffentliche Speiseanstalt, in der Suppe gekocht wurde, die man dann an Bedürftige verteilte. Für sein Engagement erhielt er die Anerkennung des Oberamts ausgesprochen.

Kloster Schönthal, um 1850

Lithografie aus:
Die Burgen, Klöster, Kirchen und Kapellen Württembergs und der Preußisch-Hohenzollern'schen Landestheile, Stuttgart 1860/61

Kloster Schönthal

Hohentwiel

Ottmar F. H. Schönhuth
Die Burgen, Klöster, Kirchen und Kapellen Württembergs und der Preußisch-Hohenzollern-'schen Landestheile.

Schönhuth (1806 Sindel-fingen-1868 Edelfingen) war Pfarrer, Historiker und Dichter. Mörike und er kannten sich seit der Studienzeit. 1842-54 lebte Schönhuth als Pfar-rer in Wachbach, danach in Edelfingen – beide Orte nahe Mergentheim. Schönhuth beschreibt hier unter anderem Burg Neuhaus bei Mergent-heim, Burgen der Fürs-ten von Hohenlohe, St. Theobald in Edel-fingen, Burg Brauneck und vieles mehr.

5 Bände, Fischhaber, Stuttgart 1860/61; Inv. Nr. 2004/1373

Im Juli 1846 wollte er einen historischen Verein für Württembergisch Franken gründen und schlug diese Idee dem Pfarrer Hermann Bauer, dem Sohn des früheren Mergentheimer Oberamtsarz-tes Bauer, in Gnadenthal vor. Dieser hat-te schon einen gleichen Gedanken ge-fasst. Beide richteten dazu eine Anfrage an die Königliche Regierung des Jagst-kreises und bekamen von dort »grünes Licht«. Die Statuten wurden dazu am 21.01.1847 beschlossen und zur ersten Versammlung verlas Ottmar Schönhuth einen »Gruß an die Versammlung des historischen Vereins für Württember-gisch Franken«. Schönhuth wurde erst der Stellvertreter in Verbindungsfällen und von 1851 bis 1860 Vorstand. Zu den ersten Mitgliedern zählten Pfarrer, Oberrentamtmänner, Oberamtsärzte. Auch Eduard Mörike, Freiherr Carl v.

Adelsheim, Major von Adelsheim und Oberamtsarzt Dr. Krauß gehörten zu den Mitgliedern im Gründungsjahr. Ott-mar Schönhuth hatte sich mit Schreiben an unzählige Persönlichkeiten um Mitar-beit gewandt, um so die Mitgliederzahl zu erhöhen. Er bestimmte in dieser Zeit das geistige und gesellschaftliche Ge-sicht des Vereins entscheidend mit. Er allein schrieb 42 Artikel in den Jahres-heften des Vereins in der Zeit von 1847 bis 1863. Der historische Verein hatte den Stadtrat von Mergentheim gebeten, sich um die Rückführung des Denkmals des Hoch- und Deutschmeisters Walter v. Cronberg zu bemühen und so unter-stützte Schönhuth als Vorstand des Ver-eins diese Bemühungen intensiv.

Die politischen Geschehnisse von 1848 gingen nicht spurlos an Schönhuth vorüber. Er nahm an den Kundgebun-gen in Niederstetten teil und organisier-te ein Fest zur Eröffnung des deutschen Parlaments auf Burg Neuhaus. Er verlas dabei ein von ihm verfasstes aus 24 Strophen bestehendes Gedicht. Danach sollte ein Freudenfeuer entzündet wer-den, aber leider fiel dieses buchstäblich ins Wasser. Ein Regenguss ließ die Be-teiligten durchnässt nach Hause eilen. In Wachbach hatte er die Heimat gefun-den, die er suchte, das selige Gefühl der Ruhe und Geborgenheit. Dort fühlte er sich wohl, wurde von seiner Pfarrgemeinde geliebt und konnte dadurch auch ungezwungener schreiben. In dieser Zeit entstanden eine Reihe von Chroniken, so die von Mergentheim, Krautheim, Creglingen und Althausen, sowie die »Kirchliche Geschichte Württembergs und des Hohenloher Landes im Zeitalter der Reformation«. Er schrieb ein historisches Schauspiel »Die Deutschmeister in Mergentheim oder Das Ordens-Gelübde«, welches in Mergentheim aufgeführt wurde, und viele andere geschichtliche Abhandlungen. Obwohl sich Ottmar Schönhuth in Wachbach sehr wohl fühlte, hatte er sich auch aus finanziellen Gründen um die Pfarrstelle in Edelfingen beworben. Er vertrat die Meinung, Edelfingen wäre »wegen der Nähe zur Stadt vorteilhafter, da meine Buben die Anstalten besuchen«[5], schrieb er Leins im September 1853. Seine beiden Söhne Ottmar und Carl besuchten seit 1849 die Schule in Mergentheim. Die Bewerbung um die Pfarrstelle in Edelfingen erwies sich allerdings als sehr schwierig. Er schrieb dazu im Mai 1854, »die Edelfinger denken wohl, ich verzichte auf die Stelle ...« und an späterer Stelle »Die Edelfinger Wirren haben mich um 10 Jahre älter gemacht«[6], »es hat einen grossen Kampf gekostet, aber jetzt könnte ich es mir nicht besser wünschen. Ein feines, wohnliches Haus mit drei Studierstübchen...«[7] Er selbst hielt sich viel in Mer-

gentheim auf und freute sich an den Veränderungen im Bad. Als der neue Kursaal, von seinem Freund, dem Baumeister Christian Leins erbaut, am 17. Juli 1854 eingeweiht wurde, hatte er ein Erinnerungsbändchen mit Versen von sich selbst und anderen zusammengestellt. Der König war am 20. Juli zur Besichtigung des Bades nach Mergentheim gekommen. Dieses Ereignis war für Schönhuth überwältigend. Er sagte: »Es waren für mich alten Schwaben kostbare Stunden – ich musste mein Herz förmlich im Zaum halten.«[8]

Die Zeit in Edelfingen sollte ihm nicht viel Freude bereiten. Der Pfarrgemeinderat stand gegen ihn und es gab einige Verleumdungen und Anfeindungen, aber auch wohlwollende Mitbürger. 1857 schrieben einige Mitglieder an das Konsistorium und beschwerten sich über die mangelnde Pfarrtätigkeit Schönhuths. Es wurde ihm »vorgehalten, dass vielleicht seine vielen literarischen Arbeiten und Beschäftigungen mit Kunst und Altertumskunde ihn manchmal im Amt hindern und zerstreuen«. Darauf erwiderte er, »das sei nicht der Fall, aber er müsste eben auch um des Brodes willen zu solchen Arbeiten greifen«[9]. Er bewarb sich weiter um andere Stellen, so 1862 in Kochersteinsfeld, »wegen der großen Familie von neun Kindern, wovon sich vier Söhne in der Ausbildung befinden«[10].

5) DLA Marbach, A 2053,
   Brief Schönhuths an Ch. Leins
6) DLA Marbach A 2051,
   Brief Schönhuths an Ch. Leins
7) DLA Marbach A 2047,
   Brief Schönhuths an Ch. Leins
8) Wie Anm. 10
9) Wie Anm. 3
10) Wie Anm. 3

In einem Zeugnis über seine Pfarrtätig-keit schrieb Dekan Mayer von Weikers-heim am 18. März 1862: »Die kirchli-chen Verrichtungen besorgt er wie die Funktionen in der Schule fleißig und pünktlich, den Armen nimmt er sich weichherzig an. Die Predigten hält er frei, sie sind lebendig und von prakti-scher Tendenz. Er spricht mit kräftiger Stimme. Bei den Katechisationen hält er sich streng an die Kinderlehre, deren Inhalt er wendig erklärt und durch Bei-spiele anschaulich macht. Er ist zu leb-haft, um ein guter Katechat zu sein. Manche hören ihn gern. Sein Wandel ist unauffällig, er ist heiter, nicht ohne Ge-wandheit im Umgang, sehr mitteilsam und verträglich. Er lebt sehr einfach und mäßig. Sein Familienleben ist gemütlich, sein Hauswesen geordnet. Er ist freundlich und zuvorkommend gegen Jedermann.«[11]

Ab 1860 wurde sein gesundheitlicher Zustand schlechter. Er litt zeitweise an Lungenschwindsucht und Brustbeklem-mung. Stadtpfarrer Wüst von Mergent-heim, der die Vertretung für Schönhuth in Edelfingen übernahm, unterstützte die Bitte nach einem Vikar. Wüst schrieb 1863 an das Konsistorium »Schönhuth hat ja einen Sohn beim Pfarrer in Freu-denbach als Vicar«.[12] Dieser sollte doch als Vikar in Edelfingen tätig werden.

Schönhuth starb am 6. Februar 1864 in Edelfingen im Alter von nur 58 Jahren und wurde auf seinen Wunsch hin auf dem Friedhof in Wachbach beigesetzt.

Ottmar Schönhuth hat in seinem Leben etwa 150 Bücher und etwa 60 Aufsätze in Zeitschriften geschrieben, manchmal auch unter dem Pseudonym Heimlieb oder nur mit Ottmar unterzeichnet. Das waren in jedem dieser Jahre mehr als fünf Bücher. Bücher schreiben, nicht wie heute am Computer mit allen Mög-lichkeiten der sofortigen Korrektur. Nein, Bücher *schreiben* bei Kerzenlicht mit einer Feder und dem Tintenfass. Das zeigt recht deutlich, dass Schön-huth ein sehr fleißiger, nimmermüder Forscher, Sammler von Geschichten, Märchen und Sagen und natürlich His-toriker und in erster Linie Pfarrer war. Er hatte diese kleinen geschichtlichen Werke, etwa so groß wie Notizbücher, hauptsächlich als leicht verständliche Lektüre für die Jugend geschrieben. Sie sollten einen Einstieg in die Welt der Geschichte und leicht zu handhaben sein und waren deshalb so beliebt. Die einfachen Menschen haben seine Büch-lein »verschlungen«, heißt es bei Ottilie Wildermuth. In diesen Büchlein zur Be-schreibung von Orten war oft Histori-sches mit Sagenhaftem verbunden und so eine frühe Form der heute bekann-ten Reisebeschreibungen entstanden.

11) Wie Anm. 3
12) Wie Anm. 3

Später verfeinerte er seinen Blick für kritische und methodische Fragen und so entstand die »Chronik des Klosters Reichenau«, ein fast vierhundert Seiten starkes Buch, welches im historiografischen Sinn eine Pioniertat gewesen ist. In der hohenlohischen Zeit bemühte er sich mit vielerlei Anfragen und Briefen um eine bessere Quellenarbeit und beklagte sich, dass es »einem geringen Landpfarrer« schwerfällt, exakter mit Quellen zu arbeiten, da ihm diese nicht an Ort und Stelle wie einem Wissenschaftler »zur Benutzung und zur Prüfung zu Gebote«[13] stünden. Dafür hatte er sich eine eigene etwa 5000 Bände umfassende Bibliothek geschaffen. Für die Chronik von Krautheim erhielt Schönhuth die badische große goldene Medaille als Anerkennung seiner Leistungen auf dem Gebiet der Landesgeschichte vom Großherzog Leopold.

Auch in seinem zweibändigen Werk »Geschichte Rudolfs von Habsburg, König der Deutschen«, einem Werk von fast 700 Seiten, war Schönhuth seinem Bekenntnis, »der Wahrheit allein zur Fahne geschworen« recht nah gekommen, obwohl er auch dies mit Anekdoten und Sprüchen würzte. Dem Werk schloss sich ein Verzeichnis der Hauptquellen an. Er wollte in seinen Geschichtsbeschreibungen nicht nur Zahlen und Fakten zusammentragen, sondern die Menschen beleuchten, deshalb stellte er sie oft in den Mittelpunkt, und wollte somit die Leser für das Lesen begeistern.

Der zart gebaute, kleine, oft kränkliche Schönhuth hat sehr viel geschrieben unter Aufopferung von unendlich viel Zeit, Kraft und nächtlicher Ruhe. Er hat sich das Verdienst eines Historikers, Geschichtsschreibers und Volksschriftstellers in mühevoller Arbeit und mit unermüdlichem Fleiß erworben. Keiner hat sich im 19. Jahrhundert so sehr von der Liebe zu den Schlössern, Burgen und Menschen des württembergischen Frankenlandes tragen lassen und keiner hat diese Liebe in Wort und Schrift so vielfältig anderen weitergegeben wie er. In einem Antrag auf Unterstützung der Schillerstiftung heißt es: »In Bezug auf Schönhuth hier schon die Bemerkung, dass er in Schwaben als ein Sammler gilt, der mit Ausdauer und Geschmack Historie und Sage in warme Verbindung zu setzen bestrebt ist. Er ist ein äußerst solider, armer Mann, dem das ganze Schwabenland eine Erleichterung seiner schweren Lage herzlich gönnte. Ich würde mich sehr freuen, ihm 100 bis 200 Thaler zufließen zu sehen oder seinen Kindern.«[14] Leider hat er diese Ehrengabe nicht mehr erlebt. Seine Witwe Christiane bedankte sich bei der Schillerstiftung.

13) Wie Anm. 4
14) GSA Weimar 134/75,17: Akte Die Unterstützung des Pfarrers Schönhuth zu Edelfingen 1863-1864

Ottmar Schönhuth und Eduard Mörike begegneten sich beim Studium in Tübingen. Leider war kein Briefwechsel zwischen beiden zu ermitteln, so dass uns ihre Gedanken zueinander und die Beweggründe ihrer Freundschaft nur über den Briefwechsel Mörikes erhellt werden. Sie haben den gleichen Studiengang Theologie belegt, wenn auch nicht im gleichen Jahrgang. Beide haben einen ähnlichen Lebensweg bestritten, ähnlichen Kummer erlebt und daraus doch zwei unterschiedliche Lebenswege gestaltet. Beide haben den Vater recht früh verloren und die Mutter war beider Bezugspunkt für lange Zeit. Durch ihre unterschiedlichen Charakterzüge ist beider Lebensinhalt ein anderer gewesen. »Während sich der vaterlose Mörike also, der Ruhige und in sich Gekehrte, in eine eigene Traumwelt, in sein Schneckenhaus zurückzieht, geht der geistig sprudelnde und unruhige Schönhuth den anderen Weg: In die Welt hinein, in den Vordergrund und in das Rampenlicht der Anerkennung und Geltung«[15], schreibt Otto Borst 1954 im Frankenspiegel. Dieses Rampenlicht der Anerkennung und Geltung hatte Schönhuth schon recht früh gemocht, dies hatte ihn angetrieben, diese Fähigkeit zu schreiben einzusetzen, um möglichst viele Menschen ihre Heimat und ihre Geschichte erkennen zu lassen. Er hat das Heimatbewusstsein geschaffen, ein

innerlich befreiendes Heimatgefühl bei den Menschen erweckt.

Mörike war der Lyriker, der seinen Gedichten einen bildlichen Klang verleiht, Schönhuth der Volksschriftsteller, der seine Bücher und Büchlein an alle Leser richtet und ohne Bilder auskommt. Dies wird recht deutlich bei zwei Frühlingsgedichten, dem uns allen bekannten Gedicht Mörikes

Er ist's

Frühling lässt sein blaues Band
Wieder flattern durch die Lüfte;
Süße, wohlbekannte Düfte
Streifen ahnungsvoll das Land.
Veilchen träumen schon,
Wollen balde kommen.
Horch, von fern ein leiser Harfenton!
Frühling, ja du bists!
Dich hab ich vernommen!

Und demgegenüber das Maiengedicht von Ottmar Schönhuth

Schöner Maienmorgen winket
Zu dem Wald, zur Blumen-Au
Maiensonne herrlich blinket
Auf dem Gras voll Perlentau
Lasset Hand in Hand uns gehen
Hin zum Walde, zur Blumen-Au
In der Pracht den Maien sehen
Lüftchen weht so mild und lau.[16]

15) Borst, Otto: Schönhuth, Ottmar F.H.. Pfarrer, Historiker, Erzähler und Dichter. In: Der Frankenspiegel Nr. 22 vom 13. 11. 1954
16) Wie Anm. 7, 1845

Trotz dieser Unterschiede tauschten beide ihre schriftstellerischen Neuerungen aus. Am 31. August 1837 besuchte Schönhuth Eduard Mörike während dessen Kuraufenthalt in Mergentheim und brachte ihm Manuskripte und Publikationen mit. Mörike schrieb dazu seinem Bruder Karl: »In Mergentheim hab ich auch eine dergleichen gelesen, die der Verfasser (Pfarrer Schönhuth in Dörzbach) mein alter Bekannter mir lieh. Er schenkte mir einen kleinen aber sehr angenehmen Kupferstich, ... In dieser Geschichtsdarstellung hat mich besonders jene Frau Hadewig und Cretzinger interessiert, ingleichen haben mich die Kriegslisten des Widerhold ganz außerordentlich ergötzt.«[17]

Im September erfolgte ein weiterer Besuch Schönhuths, wahrscheinlich, um seine Leihgabe zurückzunehmen und sich über den Inhalt der Geschichte auszutauschen. Mörike hingegen las aus Schönhuths 1834 veröffentlichtem »Der Nibelungen Lied«.

Als Schönhuth in Wachbach Pfarrer und Mörike nach Mergentheim gezogen war, besuchten sich beide öfter, tauschten Geschriebenes, aber auch Geschenke und Zuwendungen aus. So schenkte Schönhuth im November 1844 Eduard Mörike Mineralien für dessen Petrefaktensammlung. Mörike war von den Besuchen Schönhuths nicht immer begeistert, da dieser oft unangemeldet auftauchte. Er äußerte sich in einem Brief: »Es ist nur schad, dass man mit diesem guten Kerl ein ordentliches Gespräch, bei seiner Hast und abspringendem Wesen unmöglich führen kann, da er sehr viel weiß und manches versteht, was interessiert. Durch seine schreckliche Unart, einen beim zweiten Wort, entgegenkommend oder vorbeugend, zu unterbrechen, ist man, um nur einigermaßen selbst etwas zu sagen, zum höchsten Lakonismus genöthigt«.[18]

Ihr unterschiedlicher Charakter hat diese Unstimmigkeiten hervorgebracht, denn der ruhelose und geltungsbedürftige Ottmar Schönhuth wird kaum erkannt haben, dass er dem ruhigen, zurückgezogenen Mörike auch manchmal mit seinen Besuchen auf die Nerven ging. Aber sie sprachen trotzdem über ihre Arbeiten, so bat Schönhuth wegen seiner »Geschichte Rudolfs von Habsburg« Mörike um Rat. Dazu Mörike: »Ich hab ihn wegen seiner Vielschreiberei ehrlich gewarnt und gerathen, sich mit Gründlichkeit ans Geschichtsfach zu halten, wie er mit jenem Habsburger ja wirklich einen guten Willen zeigte. Ein solches Wort fand aber keine rechte Statt und war im nächsten Augenblick von ihm verwaschen und zugedeckt.«[19]

17) StdA MGH, VIII b 18. Mörike: Unveröffentlichte Briefe. Hrsg. Friedrich Seebaß, Stuttgart 1941
18) DLA Marbach, Eduard Mörike: Werke und Briefe, Band 14, Stuttgart 1994
19) Wie Anm. 24

In seiner Zeitschrift »Monatsrosen« veröffentlichte er Gedichte Mörikes, so unter anderem »Bei der Marien-Bergkirche«, und in seiner Zeitschrift »Seerosen« druckte er einen Auszug aus der »Idylle vom Bodensee« ab. Mörike war Pate bei Schönhuths Sohn Albert Ludwig und sollte diese Rolle auch bei dem nächsten Kind übernehmen. Eduard Mörike verfasste ein humoristisches neunstrophiges Gedicht an Schönhuth, da dieser sich anscheinend über die Geburt seines ersten Mädchens ein wenig ärgerte.

Auch nachdem Mörike von Mergentheim nach Stuttgart gezogen war, blieb die Freundschaft zwischen beiden und zwischen den beiden Ehefrauen erhalten. Sie tauschten weiterhin ihre Werke aus. So schenkte ihm Schönhuth 1859 seine »Sagen und Geschichten aus Hohenlohe« und Eduard Mörike »Das Stuttgarter Hutzelmännlein«.

Zum Abschluss möge das Bild, das Pfarrer Euler aus Bobstadt als einer seiner besten Freunde entwarf, zitiert werden. Möge es in Erinnerung an Ottmar Schönhuth erhalten bleiben.

»Wer unter den Hunderten von Badgästen, die an der Karlsquelle Heilung suchten und fanden, hätte ihn nicht gekannt, den kleinen hagern Mann im schwarzen Frack mit dem interessanten Gesicht und dem Sträuschen im Knopfloch, der, wenn irgend das Wetter und seine Gesundheit es erlaubten, in der Badhalle oder einem der anstoßenden Gemächer während der Badzeit zu sehen war? Immer frisch und heiter, wusste er Bekannte wie Freunde anzuregen, und keiner verließ die Bäderstadt, ohne ein, wenn auch kleines Andenken von Ottmar, wie er sich so gern nennen ließ, mit nach Hause genommen zu haben, sei es in gebundener oder ungebundener Rede.«[20]

20) DLA Marbach, Euler, G.A.:
Ottmar Schönhuth.
Freundesandenken.
Heidelberg 1864

Quellen und Literatur

Evangelische Landeskirche in Württemberg, Landeskirchliches Archiv Stuttgart, Bestand A 27 Nr. 2952, Personalakte Schönhuth, Bestand KB 184, Taufbuch Sindelfingen, Taufeintrag Ottmar Schönhuth

Evangelisches Pfarramt Bad Mergentheim, Familienregister 1 b (1833-1880), Eintrag zu Ottmar Friedrich Heinrich Schönhuth

Deutsches Literaturarchiv Marbach (DLA), Handschriftenabteilung A: Schönhuth Nr. 2039, 2040, 2041, 2043, 2044, 2045, 2046, 2047, 2048, 2049, 2051, 2052, 2053, 2054, 2055, 2056, 2060, 2064, 2068, 2069

Goethe-Schiller-Archiv Weimar (GSA), 75/17, Akte betr. Die Unterstützung des Pfarrers Schönhuth zu Edelfingen, 1863-1864

Stadtarchiv Bad Mergentheim (StdA MGH), Stadtratsprotokolle 1864, P 49 Schülerlisten; Akte zur Aufstellung des Denkmals Walther von Cronberg in der Marien-Kirche

Stadtarchiv Bad Mergentheim, Ortsarchiv Wachbach, Protokolle des evangelischen Stiftungsrates, Jahresbericht über das Armenwesen 1849

Anita Bengel, Pfarrer Ottmar Schönhuth, in: Ortsarchiv Wachbach II

Christian Friedrich Bauer, Mergentheim und seine Heilquellen, Mergentheim 1830

Otto Borst, Ottmar F. H. Schönhuth. Historiker, Germanist, Volksschriftsteller, Pfarrer 1806-1864. In: Lebensbilder aus Schwaben und Franken, Bd. VII, Stuttgart 1960

Otto Borst, Ottmar F. H. Schönhuth. Pfarrer, Historiker, Erzähler und Dichter. In: Der Frankenspiegel. Sonntagsbeilager des Hohenloher Tagblatts, Jg. 6, 1954

Otto Borst, Eduard Mörike und Ottmar Schönhuth. Eine fränkische Dichterfreundschaft. In: Der Frankenspiegel, Sammelband der Jg. 1 u. 2, Gerabronn, 1951

Otto Borst, Ottilie Wildermuth und Ottmar Schönhuth. In: Schwäbische Heimat 1955

Franz Brümmer, Ottmar Schönhuth pseud. Ottmar Heimlieb. In: Lexikon der deutschen Dichter und Prosaisten des 19. Jh., Band 4, 1911

G. A. Euler, Ottmar Schönhuth. Freundesandenken an Ottmar Schönhuth, Heidelberg 1864

G.A. Euler, Ottmar Schönhuth. Eine biographische Skizze, Tauberbischofsheim 1868

Max Fischer, Eduard Mörike in Mergentheim, 4. Aufl., Mergentheim 1993

Karl Heß, Ottmar Schönhuth. Ein Geschichtsschreiber aus Sindelfingen. In: Jahresbericht der Stadt Sindelfingen 1967

August Holder, Ottmar Heimlieb. In: Geschichte der schwäbischen Dialektdichtung, Heilbronn 1896

Adolf Kastner, Der Geschichtsschreiber und Volksschriftsteller Ottmar Friedrich Heinrich Schönhuth, Pfarramtsverweser auf dem Hohentwiel (1830-1837). In: Hohentwiel – Bilder aus der Geschichte des Berges, Konstanz 1957

Eduard Mörike, Werke, Stuttgart 1974

Eduard Mörike, Werke und Briefe, HKA, Band 14, Stuttgart 1994

Eduard Mörike 1804-1875-1975. Katalog zur Gedenkausstellung im Schiller-Nationalmuseum, Marbach a.N. 1975

Peter Mollner, »Er hält die Menschen alle für gut«. Pfarrer und Literat Ottmar Schönhuth. In: Bad Mergentheim. Magazin zum Doppel-Jubiläum, Bad Mergentheim 1990

Gotthilf Renz, Freundeslieb und Treu. 250 Briefe Eduard Mörikes an Wilhelm Hartlaub, Leipzig 1938

Eugen Schneider, Ottmar Schönhuth. In: Alte Deutsche Biographie, Band 32, 1891

O.F.H Schönhuth, Johannes Gayling, erster evangelischer Hofprediger zu Hohentwiel und Mömpelgard oder die Reformation in Württemberg, Tuttlingen 1835

O.F.H. Schönhuth, Gedichte, Schwäbisch Hall 1839

O.F.H. Schönhuth, Osterblumen oder Dichtungen, Stuttgart 1842

O.F.H. Schönhuth, Creglingen und seine Umgebungen, Mergentheim 1846

O.F.H. Schönhuth, Monatsrosen. Blätter aus Franken zur Unterhaltung und Belehrung, Mergentheim 1843-1847

O.F.H. Schönhuth, Chronik des Klosters Schönthal aus urkundlichen Quellen, Mergentheim 1850

O.F.H. Schönhuth, Chronica. Zeit und Jahrbuch von der Statt Hall durch M. Johann Herolt zusammen getragen, Schwäbisch Hall 1855

O.F.H. Schönhuth, Erinnerung an das Carls-Bad zu Mergentheim, Mergentheim 1856

O.F.H. Schönhuth, Bocksberg und der Schüpfergrund bis Königshofen, 1856

O.F.H. Schönhuth, Sagen und Geschichten aus Hohenlohe, Mergentheim 1857

O.F.H. Schönhuth, Chronik der vormaligen Deutschordens-Stadt Mergentheim aus urkundlichen Quellen, Mergentheim 1857

O.F.H. Schönhuth, Wolfram von Nellenburg. Meister Deutschordens in deutschen und wälschen Landen ... , Mergentheim 1859

O.F.H. Schönhuth, Die Burgen, Klöster, Kirchen und Kapellen Badens und der Pfalz mit ihren Sagen und Märchen, 2 Bde., Lahr 1862

Friedrich Seebaß, Eduard Mörike. Unveröffentlichte Briefe, Stuttgart 1941

Hans-Ulrich Simon, Mörike-Chronik, Stuttgart 1981

Hans-Ulrich Simon, Hermann Bausinger, Eduard Mörikes Haushaltungs-Buch. Faksimile der Handschrift, Bad Mergentheim 1994

Karl Wallrauch, Zur Erinnerung an den Heimatforscher und Dichter Ottmar Schönhuth (1806-64). In: Fränkische Chronik. Beilage zur Tauber-Zeitung, Nr. 2, 1933

Anita Bengel, Pfarrer Ottmar Schönhuth (1806-1864). In: Anita Bengel, Wachbach. Geschichte eines Dorfes, Tauberbischofsheim 1995

Die Wahl-Dörzbacher Ottmar Schönhuth und Karl Wallrauch, In: Jürgen Hermann Rauser, Dörzbacher Heimatbuch, Künzelsau 1980

Festschrift 30 Jahre Ottmar-Schönhuth-Schule Wachbach 1969-1999

Mergentheimer Wochenblatt 1842-31.03.1848

Tauberzeitung 01.04.1848-1864

Wirtembergisch Franken. Zeitschrift des Historischen Vereins für das wirtembergische Franken 1847-1864, 1897

Claus-Peter Mühleck, Pfarrer Ottmar F.H. Schönhuth war der erste bedeutende Heimatforscher des Frankenlandes. Tauberzeitung vom 11.2.1989

Dichterpfarrer Ottmar Schönhuth gründete 1842 in Wachbach den Gesangverein »Die Sänger vom Eichenhain«. Tauberzeitung vom 6.8.1994

Hartwig Behr, »Nachwehen« der 1848er-Wahlen. In: Fränkische Chronik Nr. 7, 1998

113

Christoph Bittel

Carl Joseph von Adelsheim

Soldat, Kunst- und Altertumssammler, Autodidakt

Carl Joseph von Adelsheim (1790-1864) zählte gewiss nicht zu den Freunden, wohl aber zu den guten Bekannten Eduard Mörikes in dessen Mergentheimer Jahren 1844 bis 1851. Kurz nachdem Mörike mit Adelsheim »ungesuchterweise« bekannt geworden war, berichtete er seinem Wermutshäuser »Urfreund« Wilhelm Hartlaub im Februar 1846, dass es »gut u. höchst natürlich mit ihm umzugehen« sei. Später ging er dem Adligen (und dessen Gemahlin), wie ein Brief an Margarethe Speeth vom 22./23. März 1847 belegt, nach Möglichkeit aus dem Wege. Zu sehr scheint ihn die Beanspruchung durch den altgedienten Soldaten, dessen Bestrebungen er zunehmend distanziert gegenüberstand, in seinem Privatleben gestört und von eigenen Projekten abgehalten zu haben.

Carl Joseph von Adelsheim wurde am 15. Februar 1790 in Königshofen im Grabfeld (Unterfranken), einer damals zum Fürstbistum Würzburg gehörenden Festungsstadt, als Sohn des dort stationierten Hauptmanns Carl Wilhelm von Adelsheim (1743-1803) geboren. Die

Freiherren von Adelsheim, ursprünglich wahrscheinlich Reichsministerialen, seit Beginn des 14. Jahrhunderts Ortsherren von Adelsheim (heute im Neckar-Odenwald-Kreis), zählten von etwa 1550 bis zur Mediatisierung ihres sehr kleinen, verstreut liegenden Territoriums durch Württemberg und Baden 1805/06 zum Kanton Odenwald des Fränkischen Ritterkreises.

Durch die militärische Stellung des Vaters und das Aufwachsen in einer großen barocken Festungsanlage war dem Sohn der Soldatenberuf gleichsam in die Wiege gelegt. Carl Joseph von Adelsheim trat zunächst in bayerische Dienste – Königshofen war 1803 an Bayern gefallen – und nahm an den Feldzügen Napoleons und seiner Verbündeten 1805-07 gegen Preußen und Russland teil. Im Sommer 1808 trat der bayerische Unterleutnant in die Armee Württembergs über, in dessen Machtbereich die ererbten väterlichen Besitzungen in und um Wachbach (bei Mergentheim) seit der Mediatisierung der Reichsritterschaft lagen.

Als Sekondleutnant beim Jäger-Regiment Herzog Louis nahm von Adelsheim am Feldzug 1809 gegen Österreich teil. Im Treffen vor Linz, am 17. Mai 1809, war er bei der Eskadron von Raßler mit von der Partie, als diese – ein württembergisches Bravourstück – eine österreichische Batterie von 6 Kanonen auf dem Pfennigberg überwältigte. Die Erstürmung wurde zum entscheidenden Wendepunkt in seinem Leben: von Adelsheim erlitt eine Kopfwunde und erhielt eine Kugel in den Unterleib. Dank aufopfernder Pflege erholte sich der zunächst für tot Erklärte allmählich von seinen lebensgefährlichen Verletzungen.

An einen weiteren Einsatz auf dem allmählich sich ausweitenden europäischen Kriegsschauplatz war nun freilich nicht mehr zu denken. Die im Leib stecken gebliebene Kugel, die der 1810 zunächst zum Ritter des Königlichen Militär-Verdienst-Ordens und kurz darauf zum Königlichen Kammerjunker Ernannte lebenslang mit sich herumtragen sollte, verursachte starke körperliche Beschwerden. Nach der Rückkehr in den aktiven württembergischen Kavalleriedienst wurde der passionierte Soldat Ende April 1811 zwar auf eigenen Wunsch entlassen, ließ sich ab September 1813 allerdings noch einmal reaktivieren. Im März 1821 trat von Adelsheim, der im Dezember 1813 zum Pre-

Carl Jospeh von Adelsheim (Königshofen im Grabfeld 1790-1864 Mergentheim)
Öl/Leinwand, um 1850
Leihgabe Joachim Freiherr von Adelsheim-Samfeld, Adelsheim

In den napoleonischen Kriegen 1809 zum Invaliden geschossen, lebte der spätere Major seit 1823 in Mergentheim. Hier widmete er sich dem Sammeln von alten Büchern, Gemälden, Grafiken und sonstigen Antiquitäten, dem Verfassen von Rätseln in Gedichtform, dem Zeichnen und der Laienschauspielerei.

mierleutnant und im Juni 1814 zum Stabs-Rittmeister avancierte, dann endgültig in den Ruhestand – die Pension belief sich auf 740 Gulden.

In der zweiten Lebenshälfte besaßen für Carl Joseph von Adelsheim Reminiszenzen an die aktive Militärzeit einen hohen Stellenwert. Ein »Ehren-Säbel« nahm im Bücherschrank des Freiherrn einen zentralen Platz ein, häufig erinnerte sich der Veteran im Gespräch an Ereignisse während seiner Kriegsjahre. Die Verleihung der Titel eines Rittmeisters 1. Klasse 1835 und eines Majors (ohne Gehaltserhöhung) 1837 fanden, wie zu vermuten bleibt, dankbare Annahme. Das gleiche galt sicher auch für die nachträgliche Auszeichnung durch das Kgl. Bayerische Kriegsdenkzeichen

115

für die Feldzüge 1805-07 Ende 1848, nachdem von Adelsheim bereits 1819 die »neue Decoration« des württembergischen Militär-Verdienst-Ordens am blauen Band erhalten hatte.

Noch vor dem Eintritt ins Zivilleben, am 22. Juli 1818, hatte von Adelsheim die Freifrau Caroline von Thüna (1799-1849) aus altem thüringisch-fränkischem Adelsgeschlecht geheiratet, zu deren direkten Vorfahren ebenfalls Offiziere gehörten. Zunächst lebte das Ehepaar bis zur Verabschiedung des Freiherrn aus dem württembergischen Militärdienst in Ludwigsburg, dann in Ellwangen auf dem Schönenberg im ehemaligen geistlichen Seminar. Im Frühjahr 1823 siedelten beide nach Mergentheim über und bezogen zunächst in einem Privathaus eine Wohnung. Der Freiherr konnte nun bequem die Besitzungen seiner Familie erreichen – er hatte, auf württembergischer Seite, Anteile am »Rittermannlehen« Wachbach, Hachtel und Dörtel, ferner war er beteiligt an den Gütern in Apfelbach, Igelstrut, Rengershausen, Rot, Stuppach und Edelfingen.

Mit dem Einzug von Herzog Paul Wilhelm von Württemberg, einem Vetter des Königs Wilhelm I., in das verwaiste ehemalige Hochmeisterschloss in Mergentheim im Dezember 1827 eröffnete sich für Carl Joseph von Adelsheim ein neues Tätigkeitsfeld. Der Herzog, ein namhafter Natur- und Völkerkundler, häufig auf jahrelangen Expeditionsreisen in Amerika, Asien und Australien unterwegs, bedurfte für die von ihm bewohnten Zimmerfluchten im inneren Schloss und für die darin sich allmählich ausbreitenden naturkundlichen und ethnografischen Sammlungen eines Verwalters. Er übertrug von Adelsheim die »Herzogl. Hofverwaltung« unter dem Titel eines »Ehren-Cavaliers« und wies dem Ehepaar eine neue Wohnung im königlichen Schloss an.

Der im Verwaltungsfach wahrscheinlich nicht sehr bewanderte Freiherr soll sich als Administrator allerdings keine besonderen Meriten verdient haben – ein Vorwurf, der allerdings wohl erst für die Zeit nach seinem Auszug aus dem Schloss 1840 zutraf. Laut Aussage des Mergentheimer Gemeinderats Friedrich Kuhn jedenfalls, die dieser anlässlich der Nachlassregelung des kurz zuvor verstorbenen Herzogs Paul Wilhelm im Dezember 1860 zu Protokoll gab, soll von Adelsheim – vor Einsetzung einer Schuldenverwaltung für den herzoglichen Haushalt 1848 – der Hofverwaltung zwar nominell vorgestanden, die Besorgung der eigentlichen Verwaltungsgeschäfte aber dem Hofgärtner Walter überlassen haben. Anschließend sei der geschäftliche und endlich auch der private Kontakt zwischen Herzog und Freiherr ganz abgebrochen.

Im gesellschaftlichen Leben Mergentheims galten, wie Ottmar Schönhuth 1850 schreibt, »der edle humoristische Freiherr mit seiner liebenswürdigen Gemahlin« schon bald als belebendes Element. Ein »Journal sämtlicher aufgeführten Theaterstücke« einer Mergentheimer Liebhaberbühne unter Leitung des Lateinschul-Professors Springer, die von 1821 bis 1835 insgesamt 130 Stücke, hauptsächlich solche der leichten Muse, einstudierte und zur Aufführung brachte, zählt unter den Mitspielern auch das Ehepaar von Adelsheim auf. Wir können davon ausgehen, dass beide Eheleute auch anderen Gesellschaften und Vereinigungen in der Kleinstadt angehörten, was sich für eine Zeit ohnehin von selbst verstand, in der nahezu alle Freizeitbedürfnisse in Vereinen befriedigt wurden und in der sehr viele Bürger an langen Winterabenden, wie Schönhuth anmerkt, »in Assembleen, Casinos und auf Bällen für das Düstere der Jahreszeit sich zu entschädigen« suchten.

Malen und Zeichnen gehörte in den ersten Mergentheimer Jahren, soweit dies die zunehmende Augenschwäche infolge der Kopfverletzung zuließ, zu den ausgesprochenen Lieblingsbeschäftigungen des Freiherrn, »in welchen«, wie Schönhuth 1850 schreibt, »nicht wenige Produkte seiner Kunst vorhanden sind«. Im Deutschordensmuseum in Bad Mergentheim werden 34 Karikaturen, aufgezogen auf zwei große Kartons, gezeigt, die laut handschriftlicher Legende »Mergentheimer Personalitäten« darstellen, »gefertigt von dem Major Carl Joseph von Adelsheim zu Mergentheim in den Jahren 1826-1830«.

Auf dem ersten Karton finden wir Beamte, Geistliche, Kaufleute, Ärzte, Wirte, privatisierende Adlige, darunter auch den »edlen Freiherrn Carl Joseph von Adelsheim selbst« sowie – als einzige Frau – »dessen verehrte Gemahlin Caroline geb. Freiin von Thüna«, in ganzfigurigen Einzelbildern versammelt. Auf dem anderen Karton sind als »Nachtrag« neun Originale der Mittel- und vor allem der Unterschicht abgebildet: der »Harmonie«-Diener, der Bettelvogt, der Schlossverwalter, ein verarmter Seiler, ein Barbier, ein alter Stallbursche, ein Spitalsinsasse, der »Sechs-Kreuzer-Jude« von Neunkirchen, der »Gewürzjude« von Wachbach.

Seit 1827 veröffentlichte Carl Joseph von Adelsheim anonym im »Mergentheimer Intelligenzblatt«, seit 1829 »Mergentheimer Wochenblatt«, in unregelmäßigen Abständen selbstverfertigte Rätsel in Gedichtform, darunter Charaden (Worträtsel, bei denen das zu erratende Wort in Silben oder Teile zerlegt wird), Pägnia (Scherzrätsel), Logogriphen (Buchstabenrätsel, bei denen durch Wegnehmen, Hinzufügen oder Ändern eines Buchstabens ein neues Wort entsteht), Anagramme (Buchstabenversetzrätsel) sowie Rätsel, bei denen Palindrome (Worte, Wortfolgen oder Sätze, die vorwärts wie rückwärts gelesen den gleichen oder überhaupt einen Sinn ergeben) oder Homonyme (in Lautung und Schreibweise übereinstimmende, in ihrer Bedeutung aber stark abweichende Wörter) zu erraten waren. Später entschloss er sich, durch »die mannichfachen Aufforderungen seiner Freunde« bewogen, zur Herausgabe von 1000 Rätseln und 100 Calembours oder Wortspielen in zwei schmalen, 1845 bei Ebner in Ulm und 1846 bei Thomm in Mergentheim gedruckten Bändchen.

Im Zusammenhang mit der Publikation der beiden Rätselbändchen trat von Adelsheim mit dem Dichter Eduard Mörike, der sich bekanntlich von 1844 bis 1851 in Mergentheim aufhielt, zeitweilig in näheren persönlichen Kontakt. Mörike, seit 1843 infolge seiner Kränklichkeit frühzeitig vom Pfarramt pensioniert, half bei der Korrektur der Rätselsammlung für den Druck. Ende März 1846 erörterten beide gemeinsam die Berufsausbildung Wilhelm Speeths, des Bruders von Margarethe Speeth, der späteren Frau Mörikes. Ein engeres Verhältnis, gar eine Freundschaft, konnte sich zwischen den beiden so verschiedenen Naturen, dem eher extrovertierten, vielleicht etwas derb-humorigen, auf jeden Fall aber geselligen Freiherrn und dem seine Außenkontakte weitgehend einschränkenden, ganz im Familiären und Häuslichen lebenden »hochgradigen Neurastheniker und Hypochonder«, dem Dichter mit der »schwierigen, außerordentlich unstabilen und irritierbaren Gemütsverfassung« (Hans Egon Holthusen), nicht entwickeln. Entsprechenden Bestrebungen des adligen Offiziers a.D. wusste sich der bürgerliche Pfarrer a.D. zu entziehen.

Im September 1840 kaufte das Ehepaar von Adelsheim ein vor dem Edelfinger Tor gelegenes, 1834 erbautes zweistöckiges Landhaus in einem größeren Garten mit darin befindlichem Bienenstand, Schweinestall und Gartenhäuschen für 4750 Gulden von dem in Schulden geratenen Kaffee- bzw. Speisewirt Konrad Köbrich. Der Freiherr, der sich wegen der nun stärker und häufiger meldenden alten Leiden zunehmend vom gesellschaftlichen Leben Mergentheims zurückzog, gestaltete das Anwesen ganz nach seinen Bedürfnissen zu einem Landsitz, gleichsam seinem »Tusculanum« um. Für die Bewirtung der Gäste in den Sommermonaten ließ er im Vorgarten ein kleines Gartenhaus aus Tuffsteinen in Form einer neugotischen Kapelle, mit gemalten Fensterscheiben und einem kleinen Türmchen auf dem Kuppeldach, aufführen. In diesem »Refektorium«, von Mörike in einem Brief Ende April 1848 spöttisch als »Adelsheims Harlekinskirchlein« bezeichnet, pflegte der gastfreundliche Hausherr seinen Besuchern Rotwein vom familieneigenen Rebgut in Wachbach zu kredenzen.

Die »freundlichen Gemächer« des Wohnhauses stattete das Paar mit einer sehr umfangreichen Bildergalerie aus, in der »neben einigen altdeutschen Gemälden«, wie Schönhuth 1844 berichtet, »mehrere von berühmten Meistern der älteren und neueren Zeit« zu sehen waren. Bis zum Tode des Freiherrn im Frühjahr 1864 war die Sammlung auf insgesamt 293 Ölgemälde, Tafelbilder, Lithografien, Kupferstiche, gerahmte Fotografien usw. angewachsen. In einer kleinen Arbeitsstube im oberen Stockwerk, über deren Tür der Sinn-

spruch »Hier allein bin ich doch nie allein« zu lesen war, richtete von Adelsheim seine Bibliothek ein, die eine ganze Reihe von Inkunabeln (Frühdrucken), alte prachtvolle Bände mit Holzschnitten und neuere Werke mit Kupferstichen enthielt. Viel Aufmerksamkeit und einen nicht unerheblichen Aufwand widmete der Hausherr der Zusammenstellung eines sogenannten »Buchstaben-Buches«, für das er bis zum Jahre 1844 gegen 5000 verschiedene alte Buchstaben, teils aus Pergament-Handschriften und Buchmalereien, teils aus alten Druckwerken, gesammelt hatte.

In der zweiten Hälfte der 1840er Jahre nahm schließlich noch ein kleines »Antiquarium«, ebenfalls in genanntem Arbeitszimmer untergebracht, allmählich Gestalt an, zu dessen Erweiterung die Ehefrau, die sich ganz der Lebensweise ihres Mannes anzupassen wusste, bis zu ihrem frühzeitigen Tode am 28. Juli 1849 entscheidend beitrug. Schönhuths Ausführungen zufolge ließ Caroline von Adelsheim, »jeden Wunsch, jede Liebhaberei dem Gatten von den Augen ablesend«, zur Bereicherung der Sammlung »alle kostbaren Erbstücke aus alter Zeit« herbeischaffen. Weiteren Zuwachs erhielt das »Antiquarium« durch Ankäufe von Altertümern oder durch Geschenke,

Eduard Mörike, 1864

Lichtdruck nach Fotografie, 1904
(?); Leihgabe Verein Deutschordensmuseum, Inv. Nr. 1434

einem Brief an Hartlaub am 29.6.1846 als besonderes Sammlungsstück einen »AltarAufsatz mit Bildschnitzerei u. gemalten Flügelthürchen« als Geschenk der »Nonnen eines oberschwäbischen Klosters« – ohne Zweifel das heute im Museum ausgestellte Haus- oder Reisealtärchen mit einer Darstellung der Anbetung der Könige.

Die humoristische Veranlagung auf der einen Seite und die tiefe und ernste Frömmigkeit auf der anderen, die militärische Passion einerseits und die Zugehörigkeit zur adligen Lebenskultur andererseits, diese Grundzüge im Leben Carl Josephs von Adelsheim, fanden auch in der Zusammensetzung der Altertumssammlung, die er bis zu seinem Ableben im Februar 1864 auf einen Umfang von 768 Einzelstücken erweiterte, ihren Niederschlag. Sie enthielt neben Trinkgläsern, darunter prächtige Pokale, Gebrauchs- und Scherzgläser, auch Fayencen und Porzellan, teils aus bekannten deutschen Manufakturen des 18. Jahrhunderts, neben Steinzeug, darunter hauptsächlich Bierkrüge, auch Renaissance-Kästchen mit Intarsien, neben reich verzierten Türen- und Truhenschlössern mit Schlüsseln auch religiöse und profane Holzskulpturen, neben Dosen aus Holz, Porzellan, Horn, Alabaster, Elfenbein und Messing auch Damenfächer und Silbermünzen.

mit denen sich die kinderlosen Eheleute gegenseitig überraschten und beglückten. Eduard Mörike erwähnt in

Eine Reihe von Exotika war ebenfalls vertreten: ein Jatagan (gekrümmter Türkensäbel), diverse altägyptische Grabbeigaben sowie ostasiatisches Porzellan und chinesische Kleinfiguren. Einen weiteren Schwerpunkt bildeten die Blankwaffen, darunter Dolche, Hellebarden, Säbel, Schwerter, Degen, ferner Feuerwaffen sowie Rüstungen (Schutzwaffen) – Helme, Harnische und Kettenhemden bzw. Teile davon. Ein Großteil dieses freiherrlichen Waffenarsenals kann sicherlich als »alt« und »echt« bezeichnet werden, ohne Zweifel befanden sich darunter aber auch einige Nachbildungen des 19. Jahrhunderts wie z.B. die Morgensterne, Streithämmer und -äxte.

In den 15 Jahren nach dem relativ frühen Tod der Ehefrau – Caroline von Adelsheim starb am 28. Juli 1849 in ihrem 50. Lebensjahr an den Auswirkungen eines Unterleibsgeschwulstes – scheint sich der Witwer ganz auf den Ausbau der Altertumssammlung konzentriert zu haben. Vielfältige Anregungen hierzu sind ohne Zweifel von dem protestantischen Pfarrer, Landeskundler und Poeten Ottmar Schönhuth ausgegangen, mit dem von Adelsheim seit dessen Amtszeit in Dörzbach im damaligen Oberamtsbezirk Künzelsau 1837-1842 eine lebenslange Freundschaft verband, die während der Pfarrjahre

Schönhuths in Wachbach ab 1842 und in Edelfingen seit 1854 ihre Fortsetzung und Intensivierung erfuhr.

Wie Schönhuth gehörte auch von Adelsheim zu den Gründungsmitgliedern oder wenigstens zu den frühesten Mitgliedern des 1847 in Künzelsau gegründeten »Historischen Vereins für das wirtembergische Franken«. Anders als der Pfarrer aber, der als langjähriger Vorstand und fleißiger Lieferant von Beiträgen in die Vereinszeitschrift zu den treibenden Kräften der regionalgeschichtlichen Vereinigung zählte, scheint die Rolle des Freiherrn eher eine passive gewesen zu sein. Auch fehlt sein Name in den regelmäßig veröffentlichten Listen der Spender von Altertumsgegenständen an die Vereinssammlung – von Adelsheim trug seine Schätze ausschließlich für seine eigenen Kammern zusammen.

Carl Joseph von Adelsheims Sammeleifer und Ottmar Schönhuths literarische und regionalgeschichtliche Publikationstätigkeit standen ganz im Zeichen des romantisch-bürgerlichen Kunst- und Geschichtsenthusiasmus der ersten Hälfte des 19. Jahrhunderts. Zentrale Tendenz war die Rückbesinnung auf das Mittelalter, das als Zeitalter deutscher Einheit, Macht und Größe idealisiert wurde und aus dem man die Kraft für eine nationale Wiedergeburt zu schöpfen glaubte. In seinem altertümlichen Ambiente, in dieser spezifischen Mischung aus wirklichen Antiquitäten einerseits und nachempfundenem Interieur andererseits, konnte sich von Adelsheim als verbürgerlichter Angehöriger einer einst reichsunmittelbaren und jetzt mediatisierten Adelsfamilie in jene ferne Zeit zurückversetzen, in der der ritterschaftliche Adel tatsächlich noch eine wesentliche Stütze von Kaiser und Reich darstellte.

Am 11. Februar 1864, acht Tage vor seinem Tode, ließ Carl Joseph von Adelsheim sein Testament aufsetzen. Als Haupterben setzte er seine drei Neffen ein, mit einer ganzen Reihe von Legaten bedachte er ferner Verwandte, Freunde, seine Dienerin und seine Köchin. Größere Geldsummen waren für die Armen sowie für die Abhaltung von Seelenämtern in der Stadtpfarrkirche jeweils am Todestag (19. Februar) und in der Marienkirche jeweils am 17. Mai, dem Jahrestag der Errettung vom Schlachtfeld vor Linz, bestimmt. Die Zinsen eines Kapitals von 500 Gulden sollten nach der letztwilligen Verfügung des Freiherrn zur Bekleidung eines armen Knaben oder Mädchens – jeweils jährlich wechselnd entweder am Tag ihrer Erstkommunion oder ihrer Konfirmation – verwendet werden. Diese

»Freiherrl. v. Adelsheim'sche Stiftung« fand bei der Entwertung aller Geldvermögen im Zuge der Inflation von 1923 ihr Ende.

In Bezug auf die gesamte Liegenschaft vor dem Edelfinger Tor und das darin angesammelte »Antiquarium« enthält das Testament des Freiherrn den folgenden Passus:

»Ich wünsche sehr, daß mein Haus und Garten und die von mir mit so vieler Mühe angelegte Alterthumssammlung im immerwährenden Eigenthum der Familie von Adelsheim bleibe, daß nichts hievon verkauft, Keines vom Andern getrennt und nichts belastet werde, auch daß meine Erben Ihrerseits bei Zeiten Bestimmung treffen, daß für den Fall ihres Ablebens die Gegenstände auf die Nächsten des Stammes Adelsheim in ungetheilter und FideiCommißarischer Eigenschaft kommen, und wünsche ich, daß der älteste meiner Neffen als Chef des Hauses die Verwaltung und gute Instandhaltung übernehme.«

Sofern eine solche Regelung sich für die Erben als nicht annehmbar erweisen sollte, stand ihnen nach dem Willen Carl Josephs von Adelsheim Haus und Garten ohne weitere Auflage zur freien Verfügung. In diesem Fall sollte allerdings die »ganze Alterthumssammlung mit dem Roccocoschränkchen und -tischchen im Schlafzimmer nebst den im Haus befindlichen altdeutschen Bildern« – es handelte sich um neun Tafelgemälde mit Darstellungen von Heiligen – »und eine von meinen eigenen frühern Lithographien in Glas und Rahmen« an die Stadtgemeinde Mergentheim »als Andenken und als ihr Eigenthum« mit der Bestimmung fallen, »daß meine ganze Sammlung in einem Locale des Rathauses zu Mergentheim unter dem Titel ›Carl Joseph von Adelsheim'sche Alterthumssammlung‹ aufgestellt und in Ehren gehalten werde«.

Die Haupterben zeigten – ungeachtet des damit für sie verbundenen Verlustes der Altertumssammlung – an einer Übernahme des Anwesens kein Interesse. Sie verkauften Haus und Garten am 24. Mai 1864 für 5800 Gulden; beides musste vier Jahre später dem Bau der Tauberbahn (Eisenbahnstrecke Crailsheim-Mergentheim) weichen.

Die infolge Erbgangs an die Mergentheimer Stadtgemeinde gefallene »Carl Joseph von Adelsheim'sche Altertumssammlung« wurde laut Gemeinderatsprotokoll vom 28. April 1864 »dankend« angenommen. Sie fand bis zum 15. Juli 1864 nach und nach in einem Zimmer des Rathauses Aufstellung.

Ungeachtet der sich um diesen Kernbestand herum ergebenden Veränderungen des Mergentheimer Museums – allmähliche Erweiterung der Sammlung zu einer »Städtischen Altertumssammlung«, Verlegung in einige Räume des inneren Schlosses im Mai 1927, Einbindung in ein dort untergebrachtes »Bezirksheimatmuseum« im Juli 1930 bzw. »Deutschordensmuseum« seit Juni 1973 – erwies sich das Vermächtnis der Altertumssammlung als die folgenreichste Verfügung im Testament des Freiherrn, als die einzige, mit der eine Einrichtung von Dauer begründet wurde.

In der Zusammenstellung und im Vermächtnis dieser Altertumssammlung liegt die eigentliche Bedeutung Carl Joseph von Adelsheims für die Nachwelt und für Bad Mergentheim. Sicher würden wir dem Freiherrn nicht gerecht werden, wenn wir ihn ausschließlich oder allzu sehr durch die Brille Mörikes betrachten würden, in dessen Leben er ja nur eine unscheinbare Nebenrolle spielte. Bedauerlich indessen: es sind zwar einige wenige Äußerungen Mörikes über von Adelsheim, dagegen keine einzige des fränkischen Freiherrn über den schwäbischen Dichter überliefert.

Kilian Klann

Die ethnografische Sammlung im Raritätenkabinett des

Herzogs Friedrich Paul Wilhelm von Württemberg

im Schloss von Mergentheim

Im Raritätenkabinett des Herzogs Paul Wilhelm von Württemberg im Schloss Mergentheim mit Wilhelm Hartlaub, seiner Schwester und seiner Frau
Eigenhändige Skizze von Eduard Mörike, vom 22. Mai 1846 aus dem Haushaltungsbuch. Leihgabe Stadt Bad Mergentheim, Inv. Nr. 1454

Aus »Eduard Mörikes Haushaltungsbuch« wissen wir, dass Eduard Mörike am 22. Mai 1846 das Raritätenkabinett des Herzogs Paul im Mergentheimer Schloss gegen ein Trinkgeld von 12 Kreuzern besucht hat. Diese Möglich-keit, dass eine fürstliche Studiensammlung interessierten Besuchern offen stand, war für die damalige Zeit äußerst selten und spricht für die aufgeklärte Geisteshaltung des Herzogs. Die Besuchsmöglichkeit für diese bedeutende Sammlung bestand über den Tod des Herzogs Paul 1860 hinaus, bis zur Auflösung von dessen Haushalt 1867. Verwalter des Museums war der Präparator Burchartz.

Diese von Eduard Mörike angefertigte Skizze des Naturalienkabinetts in seinem Haushaltungsbuch gibt uns einen kleinen Einblick in die herzoglichen Studiensammlungen. Wir sehen eine Interieuransicht mit einem offenen Holzregal, in dem Gläser mit Feuchtpräparaten stehen, in der Fensterlaibung ist senkrecht ein ausgestopftes Krokodil befestigt und im Zentrum des Raumes windet sich ein Schlangenpräparat um einen Stamm. Möglicherweise ist die männliche Person mit Gehrock und Zylinder Mörike selbst.

Weitere schriftliche Belege von Mörike, die diesen Besuch erläutern oder Eingang in sein Werk gefunden haben, sind mir bisher nicht bekannt.

Das Raritätenkabinett war untergebracht im ersten Obergeschoss des Schlosses in dem Flügel, in dem sich heute der Rote Saal befindet, und im zweiten Obergeschoss in den Räumen, in denen heute die Ausstellung über die Geschichte des Deutschen Ordens im Mittelalter eingerichtet ist. Das Raritätenkabinett umfasste insgesamt zwanzig Räume.

Es gibt eine Beschreibung der ethnografischen Sammlung des Herzogs, die der Wachbacher Pfarrer und Freund von Eduard Mörike Ottmar F. H. Schönhuth drei Jahre vor Mörikes Besuch im Schloss veröffentlicht hat:

> ... und eilen zur Besichtigung der schönen Sammlungen, welche Se. Hoheit der Herzog in den geräumigen Gemächern des Schlosses aufgestellt hat, die jedem Fremden und Einheimischen mit edler Bereitwilligkeit geöffnet werden. ... Von den naturhistorischen Sammlungen gehen wir in das ethnographische Kabinet.
>
> Schwerlich wird sich in Deutschland ein ähnliches finden. Alle Waffen und Jagdgeräte nordamerikanischer Völker: Streitkolben, Aexte, Schilde, Bogen und Köcher in all ihren Gattungen, bis zum Scalpirmesser in den verschiedensten Gestaltungen, sind hier in unzähligen Exemplaren aufgehängt;

daneben die Anzüge der Wilden, das reichgeschmückte Kleid des Häuptlings, wie des gemeinen Mannes, vom Kopfputz bis zur künstlich gearbeiteten Fußbedeckung; alle Geräthe und Werkzeuge, deren sie sich im häuslichen Leben bedienen, besonders die sogenannten Friedenspfeifen; viele Gegenstände, die nur selten von Reisenden erworben werden, unter andern ihre Siegeszeichen, die in den Haaren der skalpirten Feinde bestehen, welche diese Völker an Geräthen und Anzügen gewöhnlich als Schmuck anbringen. Bemerkenswerth ist außer andern in dieser Sammlung ein Schmuck von skalpirten Haaren, an dem noch das Ohrläppchen hängen geblieben.

Wir staunen, wie es für einen einzelnen Sammler möglich geworden ist, in dem Umfange eines nur zweimaligen Aufenthaltes unter den nordamerikanischen Völkern, eine solche Masse von seltenen und kostbaren Gegenständen zusammen zu bringen ... In einem der Gemächer des untersten Stockwerks befindet sich die interessante Sammlung der nordafrikanischen, besonders egyptischen Merkwürdigkeiten, lauter Gegenstände, welche Se. Hoheit der Herzog auf seiner letzten Reise in den Orient und nach Nord=Afrika an Ort und Stelle sammelte. ...

Herzog Friedrich Paul Wilhelm von Württemberg (Carlsruhe/ Schlesien 1797-1860 Mergentheim)

Kreidezeichnung eines unbekannten Künstlers, Leihgabe Stadt Bad Mergentheim, Geschenk von Karl Fleck, Inv. Nr. 2532

**Herzog Paul Wilhelm
von Württemberg bei
den Indianern**
Das Gemälde ist wahr-
scheinlich auf der ersten
Amerikareise Herzog Paul
Wilhelms 1822-24 ent-
standen. Im Zentrum der
Darstellung sitzt Herzog
Paul im Kreis mit den
Häuptlingen Wakann-zie
und Sa-ba-No-sche
sowie weiteren Kanza-
Indianern.

Gouache »Das Lager der Kanzas
am blauen Flusse den 3ten July
1823«, nach Zeichnung von
Herzog Paul von Württemberg
im Deutschordensmuseum Bad
Mergentheim.
Leihgabe Stadt Bad Mergentheim,
Geschenk von Dr. Karl Stützle,
Inv. Nr. 2533a

Die Beschreibung Schönhuths beweist,
dass er den Wert dieser zoologischen,
botanischen und ethnografischen
Sammlungen schon damals richtig ein-
schätzte. Es ist zu vermuten, dass Herzog Paul sich zum Zeitpunkt des Be-
suchs von Mörike selbst in Mergentheim aufhielt, da er in jenem Jahr keine
Forschungsreise unternommen hat. Die
umfangreichen Sammlungen hat Herzog
Paul während seiner Forschungsreisen
zusammengetragen.

Er war viermal in Amerika. Die erste
Nordamerikareise unternahm er von
Oktober 1822 bis Februar 1824. Aus
seiner veröffentlichten Reisebeschrei-
bung können wir uns ein umfassendes
Bild dieser Reise machen. Sie ist auch
eine ausgiebige Quelle über den Erwerb, den Tausch und über die als Geschenk erhaltenen Ethnographica. Sie
führte ihn von New Orleans, mit einem
Abstecher nach Kuba, den Mississippi
aufwärts bis St. Louis und weiter den
Missouri bis zum nördlichsten Punkt
seiner Reise Fort Atkinson im heutigen
US-Bundesstaat Nebraska. Da es weder
zu Lebzeiten von Herzog Paul noch postum zur Veröffentlichung seines zweiten
von ihm fertiggestellten Reisewerks kam
und sein Originalmanuskript bis heute
als verschollen gilt, können wir uns nur
an erhaltenen Dokumenten ein ungefäh-
res Bild seiner weiteren Reisen machen.
Erst vier Jahre nach Beendigung der
zweiten Nordamerikareise publizierte
der Herzog die Beschreibung der ersten
Nordamerikareise, aus der man teilweise den ungefähren Reiseverlauf der
zweiten Nordamerikareise in der Zeit
von 1829-1831 rekonstruieren kann.

Im Archiv der Missouri Historical So-
ciety, St. Louis, Missouri, USA werden
18 Dokumente aufbewahrt. Hierbei
handelt es sich um Briefe des Herzogs
sowie diverser Mitarbeiter der American Fur Company und Rechnungen, die
die Company dem Herzog gestellt hat.
Anhand dieser Unterlagen konnte man
weitere wichtige Daten über diese Reise
ermitteln. Sie führte ihn bis zum oberen
Missouri, in den heutigen amerikani-
schen Bundesstaat Montana an die Aus-

läufer der Rocky Mountains und die drei Quellflüsse des Missouri. Er war somit nach der Lewis-und-Clark-Expedition 1804-1806 der zweite Forscher in diesem Teil der USA. Die von ihm in diesem Gebiet gesammelten Ethnographica gehören zu den frühesten und seltensten Objekten weltweit. Er hat im Rahmen seiner Reisen wesentliche naturwissenschaftliche Forschungen betrieben und in diesem Zusammenhang diverse Tierarten und Pflanzen erstmals wissenschaftlich bestimmt und gesammelt.

In einer Rechnung vom 1. August 1830 von Fort Union der American Fur Company ist unter dem 24. Juli unter anderem eine Bärentatze aufgeführt, die der Herzog erworben hat, auf die später noch eingegangen wird. Fort Union an der Mündung des Yellowstone River in den Missouri River war zu diesem Zeitpunkt der westlichste und größte Handelsposten der American Fur Company. Er wurde vor 15 Jahren rekonstruiert und hier wird in einer Ausstellung auch Herzog Paul als der erste europäische Forscher im Northwest Territory gewürdigt.

Im Oktober 1839 unternahm der Herzog eine Reise nach Nordafrika, die ihn nach Ägypten, Äthiopien und den Sudan führte. Die Kosten für diese ausgiebigen

Reisen und die politischen Umwälzungen des Jahres 1848 führten fast zum wirtschaftlichen Bankrott des Herzogs, der nur durch die Unterstützung des Königs Wilhelm I. von Württemberg verhindert wurde. Unter dem Eindruck des Verlustes seines fast ganzen Vermögens unternahm Herzog Paul von 1849-1856 mehrere Weltreisen, die wir sicher als Flucht ansehen können. Aus einigen erhaltenen Briefen aus dieser Zeit kann man sogar den Eindruck gewinnen, dass er ernsthaft mit dem Gedanken spielte, Europa für immer zu verlassen und in die USA zu seinen zwei Töchtern Louise Jäger und Pauline Dermühl auszuwandern. Seine dritte Nordamerikareise führte ihn in das westliche Texas bis nach Neu-Mexiko, weiter nach Kalifornien und zurück nach New Orleans und wieder den Mississippi flussaufwärts. Einen Teil dieser Reise machte der deutsche Reiseschriftsteller und Romanautor Balduin Möllhausen als Begleiter des Herzogs mit.

Seine Reise nach Australien unterbrach Herzog Paul für einen erneuten achtmonatigen Aufenthalt in Nordamerika. Er besuchte die Orte New York, St. Louis, New Orleans und Cincinnati. Seine Rückreise von Australien führte ihn nach Brasilien, Uruguay, Chile, Peru, Feuerland und von dort aus erneut nach Nordamerika durch Texas bis

127

nach Kanada und 1856 wieder zurück nach Europa.

Ausgangspunkt der Forschungen über den Verbleib der ethnografischen Sammlung aus Nordamerika war ein historisches Verzeichnis aus den Erwerbungsakten des Völkerkunde-Museums Berlin:

ETHNOGRAPHISCHE SAMMLUNG

GESAMMELT

VON

Sr. Königl. Hoheit

Herzog Paul von Würtemberg

Leider ist aus der von August Kranabäcker in Zweibrücken gedruckten Liste nicht ersichtlich, ob sie zu Lebzeiten von Herzog Paul von ihm selbst oder postum von Dritten erstellt wurde. Der Grund, warum diese Liste gedruckt wurde, kann nur vermutet werden. Vielleicht wurde diese Liste als Katalog den Besuchern der Sammlung im Schloss zum Kauf angeboten. Möglicherweise wurde sie aber erst 1866 anhand von Aufzeichnungen des Herzogs als Verkaufskatalog für die Sammlung angefertigt.

Die Liste enthält 307 Nummern, davon 128 Nummern mit indianischen Objekten aus Nordamerika. Die Beschreibungen der Objekte sind leider nur zum Teil detailliert. Angaben, auf welcher seiner Reisen Herzog Paul die Gegenstände gesammelt hat, fehlen.

Die weiteren 181 Nummern beinhalten die persönlichen Reiseutensilien des Herzogs, Naturalien, Erdproben und ethnografische Gegenstände aus Südamerika, Afrika, Indien, Asien und Neuseeland.

1867 erwarben die Königlichen Museen in Berlin insgesamt 30 Objekte aus den Sammlungen des Herzogs Paul von Leopold Metzler aus Sobernheim. Metzler war wahrscheinlich Kommissionär für die Auflösung der ethnografischen Sammlungen des verstorbenen Herzogs Paul, beauftragt von seinem Sohn Herzog Maximilian von Württemberg. Von den 30 Objekten stammten 21 Objekte aus Nordamerika. Bis auf eine Roach (Haarschmuck) haben sich alle Objekte im Völkerkunde-Museum Berlin erhalten.

Da die Königlichen Museen in Berlin nur einen kleinen Teil der Sammlungen übernommen hatten, wurden weitere Objekte an den Naturalienhändler Umlauff in Hamburg verkauft. Von ihm kaufte der Verwalter des British Museum, Augustus Woolaston Franks, 21 Objekte und schenkte diese 1869 dem British Museum, London.

Zu diesen Objekten gehört auch eine bedeutende Friedenspfeife, die von Captain William Clark während der Lewis-und-Clark-Expedition vor 200 Jahren gesammelt wurde. Clark schenkte Herzog Paul diese Pfeife 1823 in St. Louis. Den dritten und größten Teil der Herzog-Paul-Sammlung indianischer Ethnographica aus Nordamerika erhielt der Württembergische Verein für Handelsgeographie und Förderung deutscher Interessen im Ausland, aus dem das Linden-Museum Stuttgart hervorgegangen ist, durch den persönlichen Einsatz von Graf Karl von Linden im September 1900 von der Herzogin Hermine von Württemberg, der verwitweten Schwiegertochter des Herzogs Paul, geschenkt.

1918 kaufte das Museum weitere 19 Objekte von dem Sammler Hofrat Ludwig Loew aus Sigmaringen an, die aus der Sammlung Herzog Pauls stammten. Unter ihnen befindet sich ein Beutel aus einem Seeotterbalg, der ebenfalls von der Lewis-und-Clark-Expedition stammt. Auf welchem Weg der Hofrat Ludwig Loew in den Besitz dieser Objekte aus der Herzog-Paul-Sammlung gekommen war, konnte nicht geklärt werden.

Insgesamt besaß das Linden-Museum Stuttgart 101 Objekte. Davon konnten 56 bestimmt werden. Da die ursprünglich zu den Pfeil- und Bogenköchern gehörenden 45 Pfeile jedoch separat inventarisiert wurden, konnten diese nicht mehr eindeutig den Herzog-Paul-Listennummern zugeordnet werden. Ein Pulverhorn, ein Lasso, eine Peitsche und Reiterbogen gelten als verschollen.

Zwei Objekte aus der Sammlung des Herzogs Paul waren in die völkerkundliche Sammlung des Karl-May-Museums Radebeul gelangt. Von wem der Sammler Patty Frank die Ethnographica erworben hat, konnte bisher nicht ermittelt werden. Ein Paar Leggings von den Oto-Indianern sind zwischenzeitlich im Tausch bzw. durch Verkauf vom Karl-May-Museum über den Sammler Arthur Speyer in die Sammlung des Völkerkundemuseums in Freiburg gekommen.

Aus dem Besitz des Linden-Museums Stuttgart diente mir eine vor Auflösung der herzoglichen Sammlung handschriftlich angefertigte aber nur unvollständig erhaltene Beschreibung mit Bleistiftzeichnungen einiger nordamerikanischer Ethnographica als weitere Grundlage für meine Forschung. Anhand des Vergleichs der Zeichnungen und Beschreibungen mit den erhaltenen Objekten und den Angaben der Herzog-Paul-Liste konnten 61 Ethnographica identifiziert werden. Darunter auch die bereits erwähnte Bärentatze, die der Herzog in Fort Union erworben hat.

Der Verbleib dieses interessanten Objekts ist jedoch weiterhin ungeklärt.

Aufgrund von Forschungen konnten 100 nordamerikanische Ethnographica eindeutig bestimmt werden. Für 67 Listennummern steht eine teilweise bzw. vollständige Klärung noch aus.

Frau Dr. Monika Firla und Herr Dr. Hermann Forkl vom Linden-Museum Stuttgart haben ihrerseits die Sammlungsliste wissenschaftlich für die aus Afrika stammenden Ethnographica bearbeitet. In der Herzog-Paul-Liste sind 72 Listennummern mit Objekten aus diesem Kontinent aufgeführt.

Im Linden-Museum Stuttgart konnten acht Objekte identifiziert werden, von denen ein Schild jedoch vermisst wird. Im Völkerkunde-Museum Berlin haben sich drei von ursprünglich acht Objekten nachweisen lassen.

Der Verbleib der naturhistorischen Sammlung des Herzog Paul wurde bisher nicht wissenschaftlich erforscht, obwohl sich im Hauptstaatsarchiv Stuttgart ein Inventar von 1849 erhalten hat. 1857 gingen ca. 8 000-10 000 präparierte Vögelbälger von der Westküste Nord-, Mittel- und Südamerikas aus dem herzoglichen Depot in Bremen an den Naturhistorischen Verein Bremen, die jetzt zu den Beständen des Bremer Überseemuseums gehören. Nach 1890 übernahm das Zoologische Institut der Universität Tübingen große Teile der Naturaliensammlung. 1937 gingen von diesem Institut die meisten Objekte an das Stuttgarter Naturalienkabinett, dem heutigen Naturkundemuseum. Weitere Objekte der herzoglichen Naturaliensammlung befinden sich in Wien sowie in St. Petersburg.

Eduard Mörike hat 1846 in diesem Schloss eine der bedeutendsten naturhistorischen Sammlungen mit dem Schwerpunkt Ornithologie und ethnologische Sammlungen mit dem Schwerpunkt Nordamerika in Europa gesehen, die vom Museumsgründer selbst zusammengetragen worden sind. Diese einzigartigen Sammlungen standen fast dreißig Jahre jedem Interessierten offen. Nach Auflösung des Museums ist ein großer Teil der Sammlungen nicht mehr auffindbar. Die noch erhaltenen nordamerikanischen Ethnographica gehören zu den frühesten gesammelten Objekten aus diesem Kulturkreis der Erde. Sie sind heute wertvoller Bestand des British Museum London, des Völkerkunde-Museums Berlin und des Linden-Museums Stuttgart.

Literaturverzeichnis

Annie Heloise Abel, Chardon's Journal at Fort Clark 1834-1839, Department of History, State of South Dakota, Pierre 1932

Monika Firla, Herzog Paul Wilhelm von Württemberg (1797-1860) – Facetten seines Lebens. In: Jahrbuch Württembergisch Franken 82, 1998

Hermann Forkl, Herzog Paul Wilhelm von Württemberg (1797-1860) und Afrika (Sudan, Äthiopien, Kanuri und Afroamerika). Zum Gedächtnis an Hans W. Debrunner (1923-98). In: Sonderdruck aus TRIBUS Jahrbuch des Linden-Museums, Nr. 47, Dezember 1998

Hermann Forkl, Johann Alvarado (1815-1841). Ein mexikanischer Kammerdiener Herzog Paul Wilhelms von Württemberg in Mergentheim. In: Jahrbuch Württembergisch Franken 83, 1999

Hermann Forkl, Die anonyme Gouache »Herzog von Württemberg bei den Indianern« und die neuentdeckte Lithographie »Lager der Kanza am blauen Fluß, den 3ten July 1823. Häuptlinge Wakan-zie und Sa-ba-No-sche« nach einer Zeichnung des Herzogs. In: Jahrbuch Württembergisch Franken 84, 2000

Hermann Forkl, Herzog Paul Wilhelm von Württemberg. Naturforscher, Ethnograph, Reisender, Sammler und Museumsgründer. In: Lebensbilder aus Baden-Württemberg XX, Stuttgart 2001

Peter Gibbs, Duke Paul Wilhelm Collection in the British Museum. In: American Indian Art Magazine, Volume 7, Number 3, Summer 1982

Kilian Klann, Die Sammlung indianischer Ethnographica aus Nordamerika des Herzog Friedrich Paul Wilhelm von Württemberg, Wyk auf Foehr 1999

Walther Eggert-Windegg (Hg.), Eduard Mörikes Haushaltungsbuch, Stuttgart 1922

Ottmar F. H. Schönhuth (Hg.), Vorzeit und Gegenwart im Frankenland, Blätter für Kunde des Vaterlandes. Band 1: Das Tauber-Thal, Mergentheim 1843

Paul Wilhelm Herzog von Württemberg, Erste Reise nach dem nördlichen Amerika in den Jahren 1822 bis 1824, Stuttgart und Tübingen 1835

Paul Wilhelm Herzog von Württemberg, Erste Reise nach dem nördlichen Amerika in den Jahren 1822 bis 1824, Neuausgabe o. J.

Paul Wilhelm Herzog von Württemberg, Travels in North America 1822-1824. Translated by W. Robert Nitske, Norman 1973

John A. Hussey (Hg.), Early Sacramento. Glimpses of John Augustus Sutter, the Hok Farm and Neighboring Indian Tribes from the Journals of Prince Paul. Translated by Louis C. Butscher, Sacramento 1973

Raymond Spahn, Prince Paul's Travels (St. Louis to Fort Laramie and Return, 1851). In: New Series Westward. Published by the Saint Louis Westerners, Volume V, Number 1, October 1975

Siegfried Augustin (Hg.), Paul Wilhelm von Württemberg. Reisen und Streifzüge in Mexiko und Nordamerika 1849-1856. Mit ethnologischen Anmerkungen von Egon Renner, Erdmann 1986

Leben und Schaffen Eduard Mörikes

Werke

1804	8. September: Eduard Mörike in Ludwigsburg geboren	
1811	Eintritt in die Lateinschule	
1817	22. September: Tod des Vaters Karl Mörike, Oberamtsarzt in Ludwigsburg. Besuch des Stuttgarter »Gymnasiums illustre«	
1818	Eintritt ins evangelische »Niedere theologische Seminar« in Urach	
1822	Beginn des Theologiestudiums am »Höheren theologischen Seminar«, dem Tübinger Stift	
1823	Begegnungen mit Hölderlin	
1825	Freundschaften mit Wilhelm Waiblinger, Johannes Mährlen und Ludwig Bauer	»Orplid«
1826	Theologisches Examen. Vikar in Oberboihingen und Möhringen	
1827	Tod der Schwester Luise. Vikar in Köngen	
1828	Beurlaubung vom Pfarrdienst. Tätigkeit beim Franckh-Verlag in Stuttgart	Erste Gedichte im »Morgenblatt«
1829	Pfarrverweser in Pflummern und Plattenhardt. Verlobung mit Luise Rau. Vikar in Owen	Gedichte im »Morgenblatt«
1831	Pfarrverweser in Eltingen	
1832	Pfarrverweser in Ochsenwang	Roman *Maler Nolten*
1833	Lösung der Verlobung mit Luise Rau. Diakonatsverweser in Weilheim/Teck	
1834	Pfarrverweser in Owen, dann Ötlingen. 20. Mai: Ernennung zum Pfarrer von Cleversulzbach. 3. Juli: Aufzug in Cleversulzbach. Den Pfarrhaushalt führen die Mutter Charlotte und die Schwester Klara. Beziehungen zu Justinus Kerner in Weinsberg	Erzählung *Miss Jenny Harrower*
1835	Sommer: Dienstunfähigkeit wegen Erkrankung. 13. Oktober: Dienstantritt des Vikars Wilhelm Friedrich Romig zur Unterstützung im Amt	
1836	27. Januar: Dienstantritt des Vikars Friedrich Schlaich	*Jahrbuch schwäbischer Dichter und Novellisten*, darin: Novelle *Der Schatz*

133

Eduard Mörike in Mergentheim	**1837** Kur in Bad Mergentheim; Freundschaft mit Hermann Kurz und Wiederbegegnung mit Wilhelm Hartlaub Im Kernerhaus Begegnungen mit Ludwig Uhland u.a.	
	1838 November: in Stuttgart; Wiederbegegnungen mit alten Freunden	Erste Auflage der *Gedichte*
	1839	*Iris*, darin: *Der Schatz, Die Regenbrüder, Der letzte König von Orplid, Lucie Gelmeroth, Der Bauer und sein Sohn; Cantate* zur Enthüllung des Schiller-Denkmals in Stuttgart; Oper *Die Regenbrüder*
	1840 6. Juni: Dienstantritt des Vikars Friedrich Sattler	*Classische Blumenlese*
	1841 26. April: Tod der Mutter Charlotte	
	1843 2. Mai: erstmals wieder alleinige Amtsführung 17. Juli: Bewilligung der Versetzung in den einstweiligen Ruhestand aus gesundheitlichen Gründen 13. August: Amtsübergabe an Wilhelm Haueisen Umzug mit Schwester Klara zu Hartlaubs nach Wermutshausen	
Eduard Mörike in Mergentheim	**1844** 18. April: Umzug nach Schwäbisch Hall 1. November: Umzug nach Mergentheim, Mühlwehrgasse 140 (heute Untere Mauergasse 28) In den Folgejahren enger Umgang mit der Familie des Freundes und Wermutshausener Pfarrers Wilhelm Hartlaub	*Gedichte Wilhelm Waiblingers* (hrsg. v. Mörike)
	1845 29. März: Umzug in das Haus des Oberstleutnants von Speeth am mittleren Marktplatz (heute Am Markt 5) in Mergentheim Freundschaft der Geschwister mit Margarethe Speeth	*Zwei dichterischen Schwestern*
	1846	*Idylle vom Bodensee, Auf einer Wanderung, Margareta, Auf eine Lampe*
	1847 Juni: Badekur in der Kuhnschen Badeanstalt	2. Auflage der Gedichte *An O.H. Schönhuth, Im Park*
	1848 August: Kur in Teinach. Zerwürfnis mit Hermann Kurz	
	1850 Oktober bis Jahresende: Besuch bei Bruder Ludwig auf dem Pürkelgut bei Regensburg	

134

1851	Versuche, beruflich wieder Fuß zu fassen, zunächst in Stuttgart April bis Juni: Fahrt an den Bodensee mit Klara 15. Oktober: Beginn des Literaturunterrichts am Katharinenstift in Stuttgart 25. November: Heirat mit der Katholikin Margarethe Speeth in Mergentheim 27. November: Umzug mit Frau Margarethe und Schwester Klara nach Stuttgart	*Eduard Mörike in Mergentheim*
1852	Umgang mit den Stuttgarter Künstlerkreisen Ehrendoktor der Universität Tübingen	
1853		*Das Stuttgarter Hutzelmännlein*
1855	12. April: Geburt der Tochter Fanny	*Theokritos, Bion und Moschos;* Novelle *Mozart auf der Reise nach Prag*
1856		Dritte Auflage der *Gedichte;* *Vier Erzählungen*
1857	28. Januar: Geburt der Tochter Marie	
1862	Ehrengabe der Schiller-Stiftung Weimar (ab 1864 als Pension) Berufung in das Kollegium des bayerischen Maximilians- Ordens für Wissenschaft und Kunst	
1864	Verleihung des württembergischen Friedrichs-Ordens	*Anakreon und die sogenann- ten anakreontischen Lieder*
1866	Beendigung der Lehrtätigkeit am Katharinenstift	
1867	Wohnung in Lorch	Vierte Auflage der *Gedichte*
1870	Umzug nach Nürtingen	
1871	Rückkehr nach Stuttgart	
1873	Trennung von seiner Frau; Wohnung in Fellbach, wenige Monate später Stuttgart	*Die Historie von der Schönen Lau* mit Umrissen von Moritz von Schwind; Fünfte Auflage der *Gedichte*
1875	Ende Mai: Versöhnung mit seiner Frau 4. Juni: Tod Mörikes 6. Juni: Beerdigung auf dem Pragfriedhof in Stuttgart	

135

Weitere Literaturempfehlungen zu Mörike

Eduard Mörike. Werke und Briefe. Historisch-kritische Gesamtausgabe. Im Auftrag des Ministeriums für Wissenschaft und Kunst Baden-Württemberg und in Zusammenarbeit mit dem Schiller-Nationalmuseum a. N., hg. v. Hans-Henrik Krummacher, Hubert Arbogast, Herbert Meyer, Bernhard Zeller, Stuttgart 1967 ff.

Max Fischer, Mörike in Mergentheim, Bad Mergentheim 1929

Freundeslieb' und Treu'. 250 Briefe Eduard Mörikes an Wilhelm Hartlaub, Leipzig 1938

Manfred Koschlig, Mörike in seiner Welt, Stuttgart 1954

Hans Egon Holthusen, Mörike, Reinbek 1971

Eduard Mörike. 1804-1875-1975. Gedenkausstellung zum 100. Todestag im Schiller-Nationalmuseum, Marbach am Neckar 1975

Carlheinz Gräter, Mörike in Franken, Donauwörth o. J. [ca. 1975]

Eduard Mörikes Haushaltungsbuch. Faksimile der Handschrift. Erläutert und eingeführt von Hans-Ulrich Simon, Bad Mergentheim 1994

Hermann Künstner, Wilhelm Hartlaub, Vellberg 2002

Inge und Rainer Wild (Hg.), Mörike-Handbuch. Leben-Werk-Wirkung, Stuttgart 2004

Thomas Rosenlöcher, Das Eisen blitzen sehen, Warmbronn 2004

Eduard Mörike. Eine phantastische Sudelei. Ausgewählte Zeichnungen. Herausgegeben von Alexander Reck, Stuttgart 2004

Ach Lieb und Treu ist wie ein Traum. Mörike und die Frauen. Eine Ausstellung des Kulturamts der Stadt Fellbach zum Mörike-Preis 2003, Fellbach 2004

Antonie Magen, Der Kulturroman. Programm des bürgerlichen Selbstverständnisses, Tübingen 2006